JOURNAL d'un~~e~~  BABY-SITTER

FLEURUS

Texte et illustrations : Paul Beaupère
Direction : Guillaume Arnaud, Guillaume Pô
Direction éditoriale : Sarah Malherbe
Édition : Claire Renaud, assistée de Margaux Manchon
Direction artistique : Elisabeth Hebert
Conception graphique : Bleuenn Auffret
Directeur de fabrication : Thierry Dubus
Fabrication : Sabine Marioni
Composition : les PAOistes

www.fleuruseditions.com

ISBN : 978-2-2151-3624-8
MDS : 592607

Paul Beaupère

JOURNAL d'un~~e~~ BABY-SITTER

Pas de bruit, bébé dort… Enfin presque !

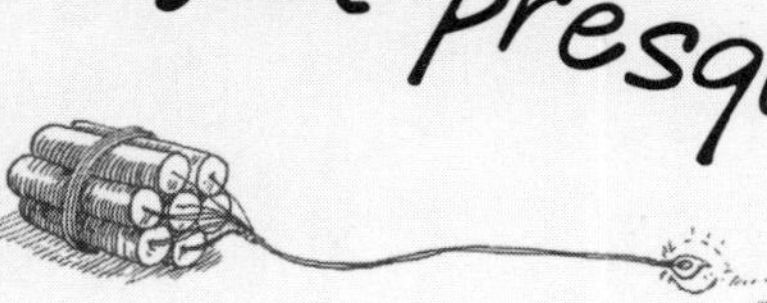

FLEURUS

PROSPER
NEWS

PROSPER
NEWS

PROSPER
NEWS

PROSPER
NEWS

PROSPER
NEWS

PROSPER
NEWS

PROSPER
NEWS

PROSPER
NEWS

PROSPER
NEWS

PROSPER
NEWS

À LIRE

Chapitre 0

Pour ceux qui n'étaient pas là au début

(MAIS QUE LES AUTRES PEUVENT LIRE AUSSI.)

— Au début, il n'y avait rien ! Juste moi, un carnet vide aux pages blanches, un cahier perdu au fond d'un placard, inutile, oublié, rejeté, ignoré !

Dis donc, le journal, tu ne crois pas que tu en fais un peu trop ?

— OK, OK… Alors voilà, moi qui parle… enfin, moi qui vous écris, celui sur qui vous lisez, moi, donc, je suis le journal de Prosper.

Et moi, celui qui écrit ce journal, quand je ne suis pas interrompu par ce cahier bavard, je suis Prosper.

— Je ne t'interromps jamais !

Mais si !

— Mais non !

Et pourtant, tu viens encore de le faire !

— Très bien, je me tais ! Je ne dis plus rien !

Je te rappelle que tu ne parles pas,

tu sais juste écrire !

— Alors je n'écris plus rien…

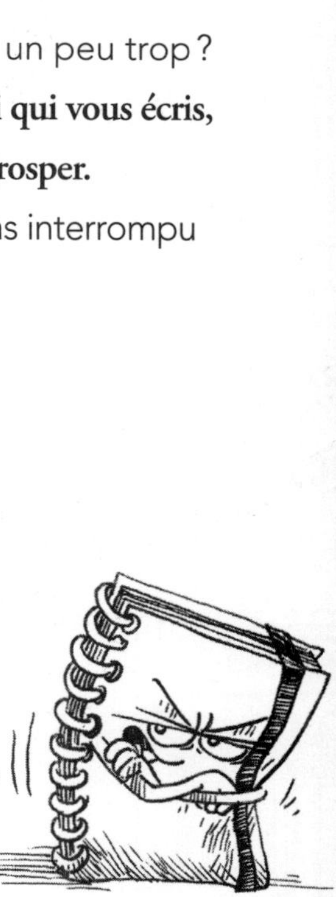

TOME 2

Ah, enfin une bonne nouvelle. Reprenons. Je me présente, Prosper, j'ai quatorze ans, je fais des baby-sittings dans mon immeuble, et même un peu plus loin à l'occasion. Ce journal que vous lisez est le mien.

— Et aussi le mien !

Oh, on avait dit que tu ne m'interrompais pas !

— …

OK , donc je suis Prosper, j'habite au 28, rue du Renard-Timide avec mes parents et ma sœur. Ma vie serait parfaite, si ce n'est un petit défaut de langage : je bégaye. Et pas qu'un peu. Il y a ceux qui hésitent sur les mots, ceux qui butent un peu sur les débuts de phrases, ceux qui sont lents à démarrer, ceux qui ne sont pas très clairs dans leur élocution… Moi, je suis affreusement bègue : je bute, je ne démarre pas, je suis lent et j'élocutionne mal ! Pour régler ce « petit » problème, j'ai trouvé une solution : je ne parle pas, j'écris ! Dans ma poche, il y a toujours un paquet de post-it et un crayon. Autour de moi, tout le monde est habitué. Et puis un jour, il y a eu mon premier baby-sitting, chez Rose, elle habite au-dessus, au quatrième. Quand je me suis retrouvé seul avec Éric, son fils de deux ans, j'ai découvert une chose extraordinaire : lorsque je parle aux

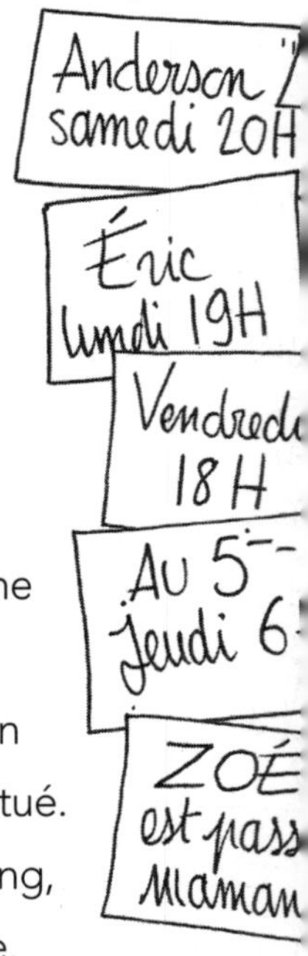

bébés, je ne bégaye plus ! Voilà, maintenant vous savez pourquoi j'adore faire des baby-sittings !

— **Et puis aussi pour Zoé ?**

Tiens, tu es encore là, toi ? Oui, tu as raison, journal, aussi un peu pour Zoé ! Zoé, c'est une amie inégalable et c'est ma voisine, elle habite à l'étage du dessus, au troisième. Tous les deux, nous formons la meilleure équipe de baby-sitters du monde. Avec Zoé, on s'entend particulièrement bien, car elle est sourde, alors on se comprend tous les deux. Nous, les mots on les aime, mais pas forcément en les disant.

Mais attendez, pour ceux qui n'étaient pas là au premier épisode, je vous propose un rapide résumé.

(Prenez votre respiration, ça va aller très vite.)

Au début, il y a des plombiers qui ne sont peut-être pas des plombiers et qui se promènent la nuit dans les escaliers de l'immeuble avec des vases chinois. Et il y a M. Alfred, le voisin du premier, qui me demande de garder ses chats pendant quelques jours et qui disparaît. Il y a les vingt-quatre chats de M. Alfred qui s'évaporent un par un, il y a du bizarre dans la cave où Zoé et moi retrouvons M. Alfred prisonnier des plombiers qui, décidément, ne devaient pas être des plombiers. (Soupir et reprise de respiration…)

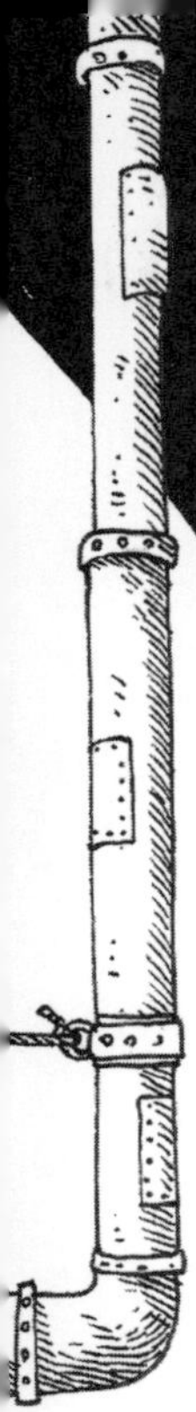

(Et
hop,
c'est
reparti…)
Quand enfin,
nous croyons avoir
délivré M. Alfred, c'est
M. Anderson, le voisin qui
habite au deuxième avec sa
femme et ses quatre garçons, qui
surgit et veut nous faire disparaître,
alors, à son tour il est immobilisé par
Mme Escalier et Crocfroc,
notre concierge et son chien,
qui se révèlent être des
espions. On découvre que
M. Alfred, lui aussi, est un agent
secret, mais un gentil, et que tous
les autres sont des méchants,
et même des très
méchants,
et du coup,

que les plombiers n'étaient pas du tout des plombiers. À la fin, les méchants sont tous neutralisés, et M. Alfred nous raconte qu'il n'est pas vraiment à la retraite… Vous avez suivi ?

Alors M. Alfred nous propose à Zoé et à moi, de faire partie du GRAP, le Groupe Recherche Action et Prévention ; c'est un peu comme des espions. Depuis, les mercredis après-midi, nous allons suivre une formation pour faire de nous des baby-sitters de choc et nous attendons notre première mission, celle qui nous fera passer dans le monde des services actifs, comme des grands.

GRAP

Dans mes bras !

GRAP

Chapitre I

On m'appelle Post-it...

MERCREDI 15 FÉVRIER, 22 H 30, SOUS LA COUETTE, LE CŒUR QUI BAT TROP FORT, DES BLEUS UN PEU PARTOUT, MAIS VIVANT !

Aujourd'hui, c'est mercredi, et tu sais ce qui se passe, le mercredi ?

— …

Hé, journal !? Je te parle ! Tu sais ce qui se passe le mercredi ?

— …

Bon, OK, si tu le prends comme ça, je pose mon crayon, je te referme et je te range. Et pas à côté de l'encyclopédie avec qui tu t'entends si bien, non, tout seul ! Je vais aller en parler à mon oreiller. Je suis sûr que lui, ça l'intéresse. Allez, bonsoir, journal !

— Ça va, ça va… J'ai quand même un peu le droit de faire la tête ! Ça fait des semaines que tu ne m'écris plus, que tu ne me parles plus, que tu ne me regardes plus. Je vois bien que je ne te fais plus le même effet qu'avant, que tu n'as plus envie de venir me gratouiller les pages… Je m'ennuie… Pire, je t'ennuie !

Arrête de pleurnicher et écoute plutôt ce que j'ai à te raconter. Donc, aujourd'hui, on est mercredi ! Et tu sais ce qui se passe, le mercredi ?

— Oui, bien sûr que je sais ! Je sais que tu vas au GRAP passer l'après-midi et y faire des tas de trucs passionnants, y apprendre des milliers de machins excitants, y rencontrer des centaines de personnes incroyables… Et moi ? Moi je reste là ! Coincé sur mon étagère à ne rien faire… Je m'ennuie… Pourquoi ne m'emmènes-tu pas là-bas ?

Pas le droit !

— Pourquoi ? Je suis trop moche ? Je suis trop bête ? C'est ça, j'en étais sûr, je suis trop bête et trop moche et tu as honte de moi. (Soupir.) Je crois que je vais me laisser mourir ! Regarde, je commence déjà à perdre mes feuilles…

Tu vas surtout arrêter ton cirque et m'écouter t'écrire. *Primo*, si je ne t'emmène pas, c'est parce que c'est interdit. *Deuzio*, si je t'emportais, après je serais obligé de te détruire, car tu aurais vu trop de choses top secret. C'est ça que tu veux ? Que je te brûle ?

— Dis donc, ça va ! Tu oublies un peu vite que je suis aveugle, muet et sourd ! Je ne risque donc pas de voler des tonnes de secrets !

OK, un point pour le carnet ! Mais au lieu de râler, écoute. Tu voulais du scoop, de l'événement, du sensationnel, de l'incroyable, tu vas être servi !

Donc, comme je te l'ai déjà dit, aujourd'hui, c'est…

— Mercredi, oui, je sais ! Tu commences à bégayer même à l'écrit, et ça, ce n'est pas joli, joli.

Je vais faire comme si je n'avais pas entendu. Comme d'habitude, nous montons dans la grosse voiture noire de M. Alfred, direction le GRAP. Mais cette fois-ci, il change de chemin. Il s'arrête devant un immeuble très, très chic. Le genre habité par des gens connus, des stars ou des célébrités. À la porte, il y a une brute avec des lunettes noires. Deux mètres de haut, deux mètres de large, deux tonnes et 2 de Q. I., mais il doit courir le cent mètres en deux secondes, t'avaler deux bœufs au petit-déjeuner ; le style à te transformer un tigre en gros matou gentil et un crocodile en sac à main.

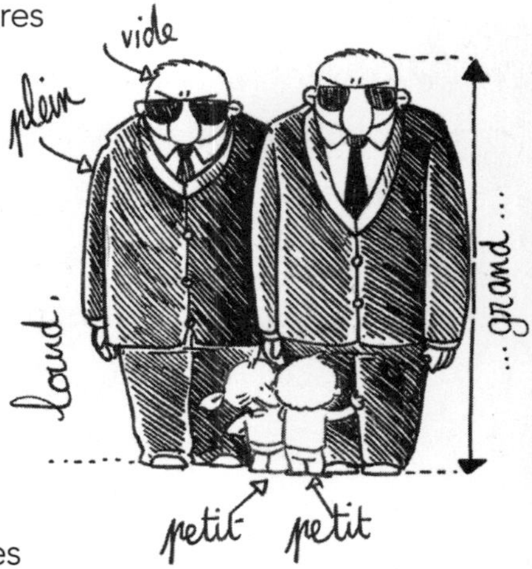

« Vous êtes attendus au deuxième étage, nous dit M. Alfred, vous devez garder le fils de Mme X : elle va faire des courses et reviendra dans deux heures. Le bébé dort, vous n'avez donc rien d'autre à faire, que d'attendre son retour. Filez ! »

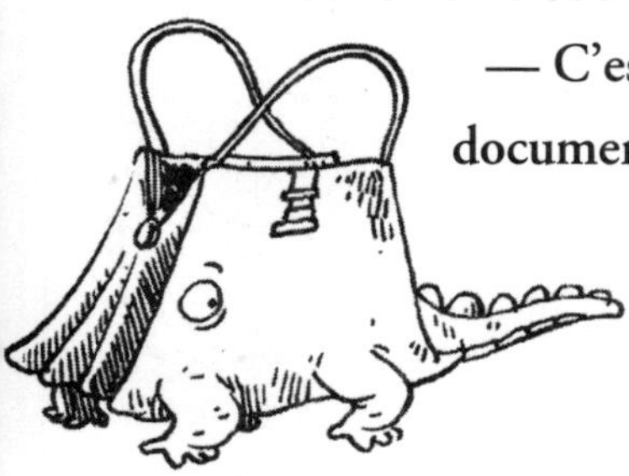

— C'est tout ? Pas de code à retrouver, de document à recopier, d'otages à libérer, de messages à faire passer ?

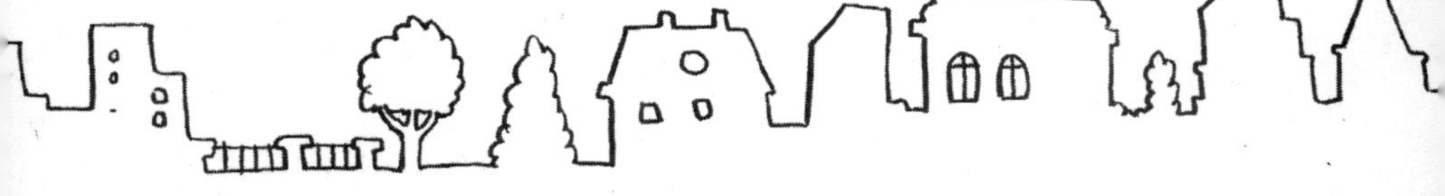

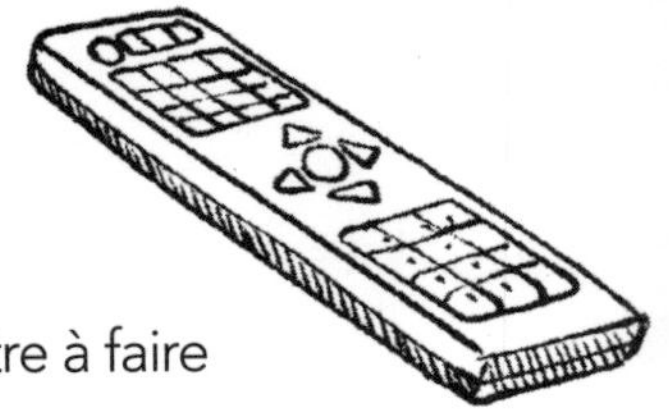

Non, journal, rien d'autre à faire que de ne rien faire. Juste attendre. Je sais, c'est décevant, mais que veux-tu, il faut bien commencer par des missions faciles. Le gorille nous attend, il regarde les badges que M. Alfred vient de nous donner, « Star baby-sitting, votre tranquillité est notre fierté », et nous laisse passer.

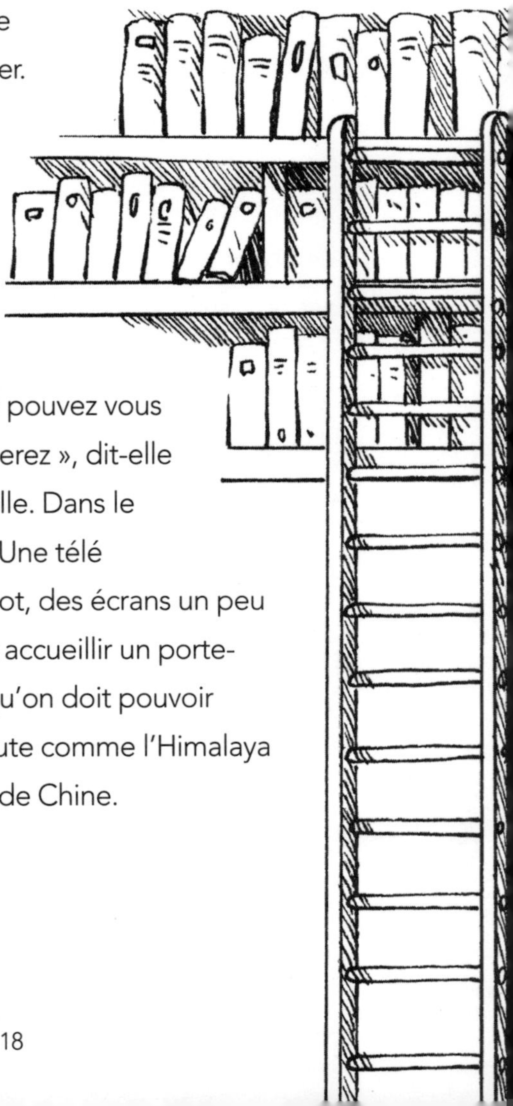

Arrivés là-haut, pas le temps de sonner, la porte s'ouvre. Devant nous, une femme. Elle nous fait entrer, nous explique où est Jason, le bébé, elle nous dit qu'il n'y a rien à faire et disparaît. « Vous pouvez vous servir de tout ce que vous trouverez », dit-elle en refermant la porte derrière elle. Dans le salon, des choses de dingues ! Une télé grande comme un terrain de foot, des écrans un peu partout, un canapé qui pourrait accueillir un porte-avions, une moquette si épaisse qu'on doit pouvoir s'y noyer, une bibliothèque haute comme l'Himalaya et longue comme la Muraille de Chine.

« Eh, regarde ce que j'ai trouvé ! » me dit Zoé, ou plutôt, me montre Zoé.

— Des  ? De l' ? Des  ?

Tu dis vraiment n'importe quoi ! Non, juste une console vidéo. Du coup, on s'installe et on joue. Ah, j'oublie de te dire, il y a aussi un minibar avec des boissons fraîches. La grande vie !

— Quand je pense que tu es payé pour jouer ! Tu sais, je me dis que quand même, c'est facile la vie de baby-sitter !

Tu vas voir que les choses n'ont pas été aussi simples… D'abord, Zoé me bat à Zombie Ghost Fighter Killing Special.

— Ah oui, ça c'est pas cool !

Puis il y a ce bruit. Je ne me méfie pas tout de suite.

Au début, juste un petit cric-cric-cric de rien du tout, un crissement qui agace l'oreille. Un peu comme la craie du professeur sur le tableau, comme une feuille de papier qui se déchire tout doucement et fait se lever tes poils du dos !

— Les poils du dos, je ne vois pas, mais le coup de la feuille de papier, ça, je comprends très bien ! À chaque fois que tu en déchires une et que je suis à côté, j'ai l'impression qu'on m'arrache un bras !

Oh, excuse-moi, carnet ! Je n'y avais pas pensé. Mais revenons à nous. Zoé, tranquille, continue à jouer. Moi, j'ai comme un pressentiment. Je lui fais un signe, nous posons nos manettes. Un silence glacial s'abat sur la pièce ; le canapé nous semble soudain être devenu un morceau de banquise sous nos fesses. Nous voilà comme deux pingouins coincés sur un iceberg entre un orque et un ours attendant de savoir lequel attaquera en premier. Le petit bruit continue ; seul le ronflement du bébé qui nous parvient par le babyphone, perturbe ce sinistre crissement.

« Qu'est ce qu'il y a ? me demande Zoé d'un haussement de sourcils.

— Je ne sais pas. C'est peut-être rien. C'est sans doute rien !

Oui, c'est sûr, ce n'est rien. »

J'en suis à lui répondre ça sur un papier quand ça arrive, brutal, d'un seul coup !

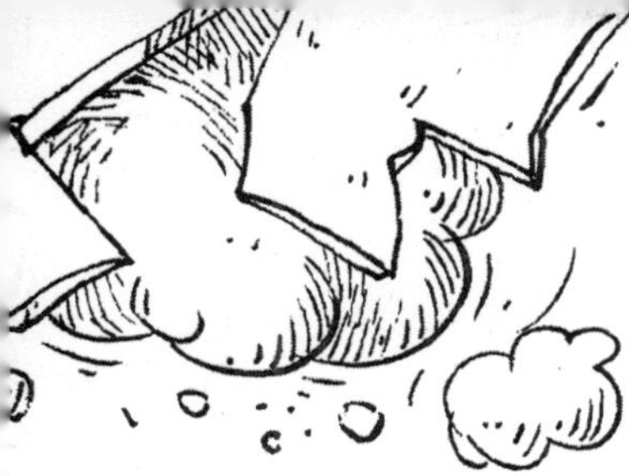

— Quoi ? Qu'est-ce qui est arrivé ?

Littéralement tombés du ciel, avec beaucoup de bruit et pas mal de poussière, trois types en combinaison noire, cagoule noire, armes noires, sacs noirs, et manifestement, idées noires, entrent dans le salon, par le plafond !

— Du coup, avec Zoé vous allez chercher les balais et vous attaquez ?

Journal, tu es nul ! Le premier gus qui tend le bras vers nous est armé. Plop ! plop ! Il tire !

— Il ne fait pas un drôle de bruit son pistolet ? T'es sûr que ce n'était pas un truc en plastique de fête foraine ?

Non, du gros calibre, mais avec silencieux ! Nous avons juste le temps de sauter derrière le canapé pour nous abriter. Autour de nous, des plumes volent dans tous les sens, au fur et à mesure que les balles font des trous dans le cuir des coussins.

« Et maintenant on fait quoi ? » me demande Zoé avec les yeux.

À ce moment-là, il faut réfléchir et agir très vite, ou alors mourir encore plus vite. Mais là, j'ai beau chercher, pas d'idée, pas de plan, rien, le néant. Pendant que je me creuse les méninges, Zoé s'active. Du bout du bras elle fouille autour d'elle, et là, bingo ! Sous le canapé, qui commence à ressembler à une passoire à nouilles, elle trouve … un pistolet !

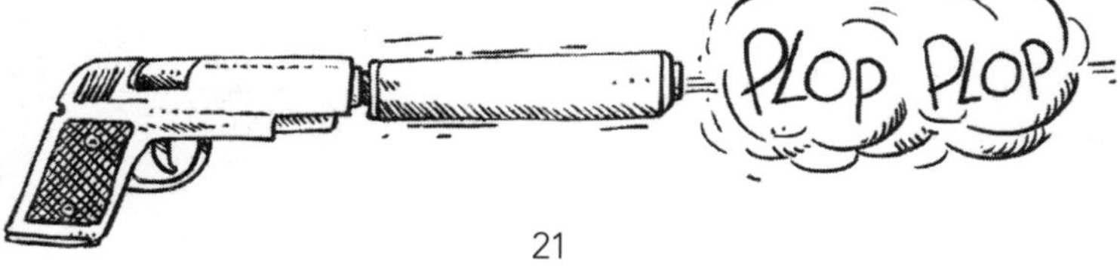

Alors la petite phrase de Mme X me revient : « Vous pouvez vous servir de tout ce que vous trouverez » ! C'est un coup monté !

C'est ça, un exercice !

Tu sais, carnet, les exercices, on en a déjà fait un paquet, mais jamais avec des balles qui font des trous gros comme des œufs d'autruche dans les murs ou dans le canapé ! Soudain, il y a un silence, rien, une demi-seconde : le chargeur de notre nouvel ami doit être vide, juste le temps pour lui de le changer. Alors Zoé me fait signe. D'un même élan, nous soulevons le canapé et nous fonçons sur l'homme au pistolet. Il s'arrête net !

— Mort ?

Mais non ! Enfin… Je ne crois pas. Mais je te promets qu'avec un canapé sur l'estomac, il fait moins le malin.

— Et les deux autres ?

Sortis de la pièce ! Vraisemblablement en direction la chambre du bébé. Car ils sont là pour lui ! Avant de quitter le salon et de filer à la poursuite des deux autres tueurs, je suis le conseil de Mme X. Je fais bien. Trois tiroirs et deux fonds de placard plus tard, j'ai en main une arme redoutable, une grenade fumigène et un masque protecteur. Je trouve aussi une solide paire de menottes en plastique qui file direct autour des poignets du premier assaillant, toujours sous le canapé.

Un coup d'œil dans la pièce d'à côté, personne ! Je me jette le premier, Zoé me couvre puis me rejoint ; nous sommes dans une salle à manger vide. La progression continue, un escalier, nous montons, un couloir, quatre portes, deux à gauche, deux à droite… Et pas de tueurs à l'horizon. Que faire ?

— Et genre, appeler le GRAP ? Non ? Pas possible ? Pourquoi ne pas passer un coup de fil comme les gens normaux et arrêter de vous prendre pour des héros ? Dis, pourquoi ne fais-tu pas du scoutisme, du foot ou du ping-pong le mercredi après-midi, comme tout le monde ?

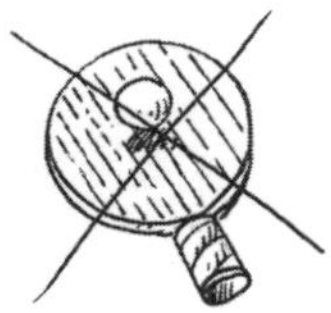

J'ai essayé ! Pas le scoutisme, le coup de fil, mais pas de réponse ! Signal brouillé, un truc classique des opérations spéciales. Pas de réseau, zone neutralisée, blanche, muette. C'est maintenant sûr, nous avons affaire à des superpros. Du coup, la situation est claire et nette ! Nous sommes seuls au monde avec deux tueurs dans l'appartement. Nous collons nos oreilles à la première porte.

— Et là, tu vas me dire que, miracle, Zoé retrouve l'ouïe ?

Idiot ! Tu sais bien que Zoé n'entend rien, mais elle ressent les vibrations. OK, elle est sourde, mais pas idiote, et même, pas idiote du tout. Première porte, pas de bruit, nous ouvrons, nous entrons…

Et là, ça commence !

Tiens, carnet obtus qui ne comprend rien, pour t'aider, je te fais un dessin.

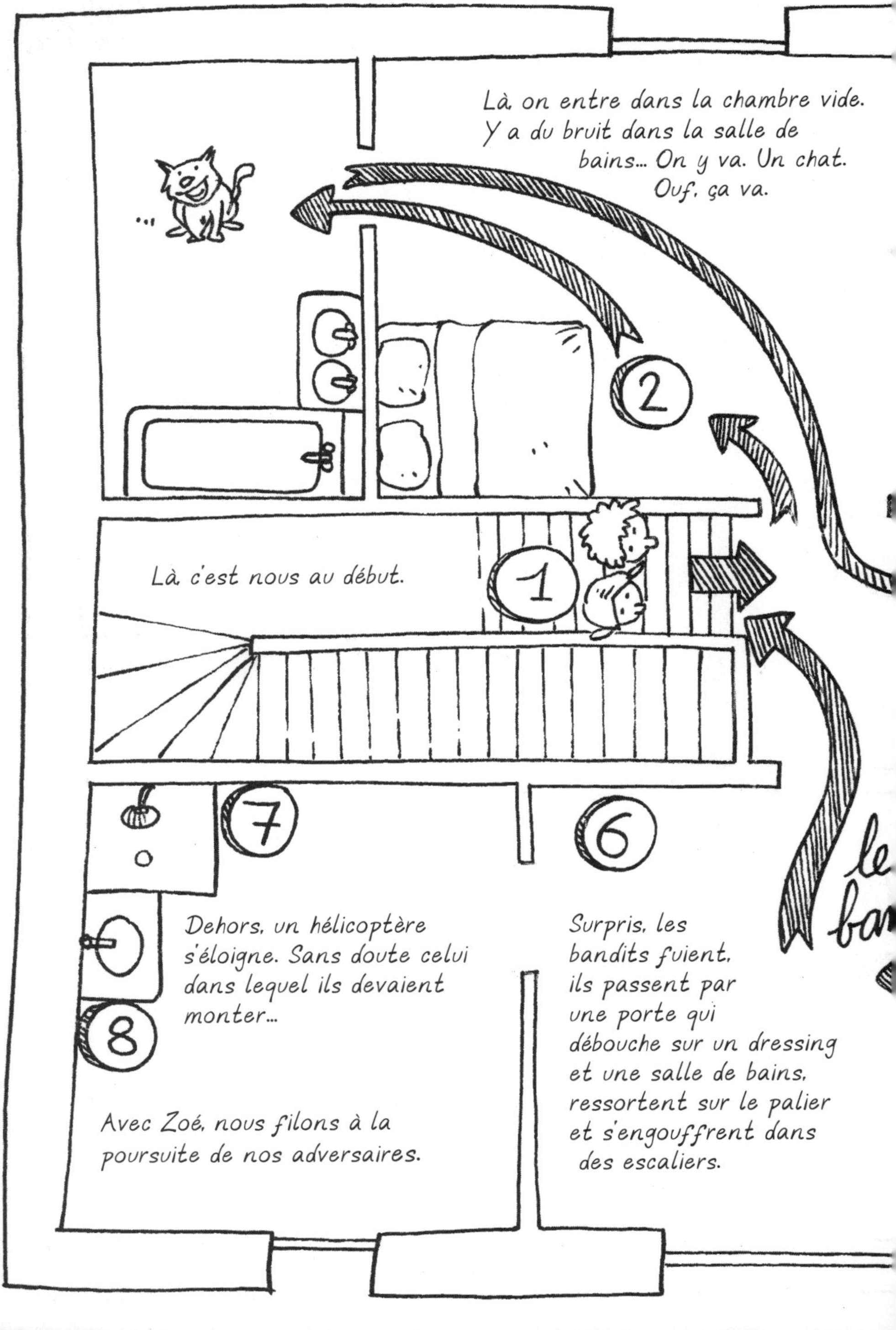

(3) On ressort. Porte suivante. On écoute... Il y a du bruit. On respire un grand coup, on ouvre, on fonce! La chambre du bébé, vide, plus de bébé. Deux coups de feu et, à côté de nous, une girafe en peluche s'effondre, tuée net!

(4) Une porte donne sur la chambre des parents. Les kidnappeurs y sont, un paquet dans les bras... Le bébé! Ils sont devant la fenêtre qui est déjà ouverte. Ils vont filer. Que faire? À côté de moi, un éléphant tombe à son tour, mort, victime de deux nouvelles balles perdues. Zoé me fait signe. Elle va faire diversion en passant par le couloir. Je dois compter jusqu'à dix et foncer sur l'adversaire. OK. Zoé quitte la pièce.

Zoé

moi

(5) 1, 2, 3, 4, 5, 6, 7, 8, 9, 10 ! Je me lève et fonce droit devant moi en hurlant. Au même moment, Zoé ouvre la porte de la chambre qui donne sur le couloir, attirant sur elle regards, colère et projectiles.

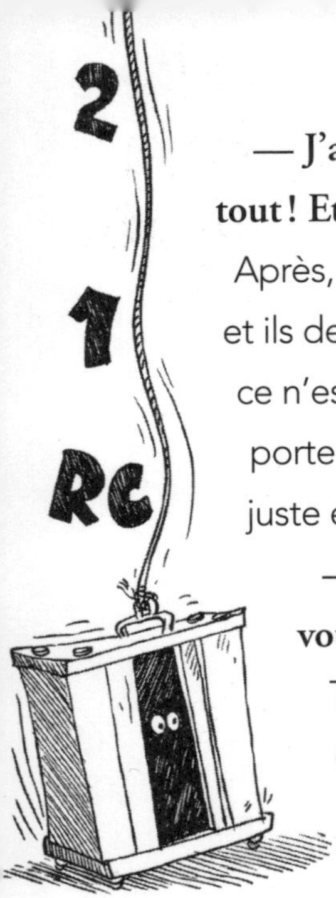

— J'aime bien quand tu fais des dessins, je comprends tout ! Et après ?

Après, ils sortent de l'appartement, ils prennent l'ascenseur et ils descendent… Alors nous aussi. Deux étages à pied, ce n'est pas grand-chose. Au rez-de-chaussée, quand la porte de l'ascenseur s'ouvre, surprise ! Zoé et moi sommes juste en face des bandits !

— Et là, pan ! pan ! vous tirez, vous les butez, vous gagnez !

T'es fou, toi ! Et le bébé ? Non, il faut faire dans le subtil, le délicat, le raffiné, l'élégant ; nous ne sommes pas des brutes.

— Ah, c'est quoi le subtil, le raffiné et tout le reste ?

Rien ! On ne fait rien, on se planque pour éviter encore deux ou trois coups de feu, les portes se referment, et l'ascenseur continue sa course, direction les sous-sols. De notre côté, escalier, marches quatre à quatre, tout le monde descend au parking souterrain.

— Je n'aime pas quand tu descends là-bas, la dernière fois ça a failli mal finir !

Ce coup-ci aussi ! Zoé passe devant moi, elle se faufile derrière une voiture dont les vitres volent aussitôt en éclats. C'est officiel, nous sommes repérés.

— Et voilà, l'histoire va se terminer ici, juste au début. Vous allez mourir tous les deux, seuls, abandonnés dans un parking. Dans deux mille ans, des archéologues découvriront vos corps momifiés.

Journal ?

Qui t'écrit en ce moment ?

– Toi…

Est-ce que je suis mort ?

— Non… Enfin, je ne crois pas. En même temps, moi je ne suis pas docteur alors je…

Triple feuille de chou à la noix, je suis là, vivant, écrivant ! Donc ?

— Donc, t'es pas mort ? C'est ça ?

Oui, c'est ça. Mais pendant que je te parle, le temps file et les tueurs avec lui. Nous nous lançons à leur poursuite. Les bruits résonnent dans ce sous-sol sinistre, humide, froid, gris, bas de plafond, et je crois bien que j'ai peur. Zoé et moi courons quasiment joue contre joue, et c'est bien la seule chose qui me donne du courage, ça et le bébé à sauver. À ce moment-là, je me demande si c'est vraiment une bonne idée de commencer une carrière d'espion. Je ne sais plus. J'hésite, je ralentis. Heureusement, Zoé est toujours là qui me tire en avant, courbée en deux, cachée par des voitures. Et puis d'un coup, tout est devenu noir. Plus de son, plus d'image.

— Ce coup-ci, c'est sûr, tu es mort !

Mais non, triple andouille ! C'est la minuterie : la lumière vient de s'éteindre.

Et là, je ne sais pas comment, mais j'ai une idée. J'agrippe le bras de Zoé pour qu'elle reste avec moi, je sors mon arme secrète, celle qui ne me quitte jamais.

— Un pistolet ?

Non, une lampe de poche !

— Ah, oui ! Ça fait drôlement mal, ça, un coup de lampe de poche sur la tête !

Mais non. Et puis tais-toi, arrête d'écrire et regarde. Nous sommes là, cachés derrière une voiture.

Les bandits sont là, eux aussi cachés...

La sortie est là.

J'allume ma lampe, je la remue par là...

Coups de feu des méchants.

PAN ! PAN !

Je lance ma lampe au loin. Coups de feu des tueurs, la lampe s'écrase au sol et s'éteint en même temps que Zoé et moi poussons de grands cris, comme si nous étions touchés !

Hargggggggggg !

Plus rien... Silence de mort !

Les gangsters se croient seuls et libres, ils filent vers la sortie. Mais ce qu'ils ne savent pas, c'est que dans ma poche, j'avais aussi ma deuxième arme secrète !

— Une mitrailleuse ?

Idiot ! Un bout de corde.

Je l'attache entre deux piliers du garage, là et là… Et quand les méchants passent par là…

Boum, patatras, ils se prennent les pieds dedans, tombent, et nous les ficelons !

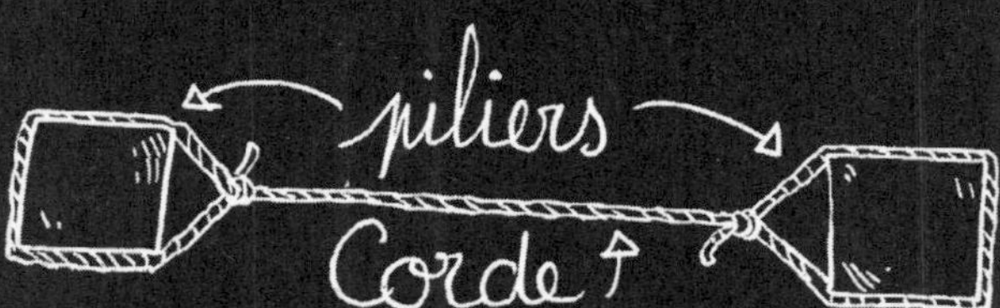

Voilà, la bataille est finie. Je file vers l'interrupteur le plus proche pour rallumer.

Et là…

— Là, ils ne sont pas tous par terre, il y a leurs complices qui attendent avec des tas de gros fusils qui font super-peur…

Journal, tais-toi, cesse d'écrire n'importe quoi. Non, il y a M. Alfred et les gens du GRAP. Avec eux, il y a le premier tueur, que nous avons laissé là-haut, il y a aussi Mme X.

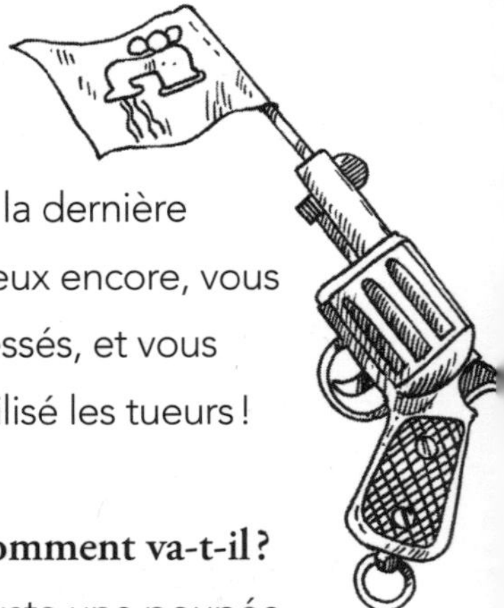

M. Alfred s'avance vers nous :

« Bravo ! Vous avez brillamment réussi la dernière épreuve. Vous ne vous êtes pas enfuis, mieux encore, vous n'êtes pas morts, même pas blessés, et vous avez sauvé le bébé et immobilisé les tueurs ! Félicitations ! »

— C'est vrai ça, le bébé ! Comment va-t-il ?

En fait, il n'y avait pas de bébé, juste une poupée.

— Mais quand même, ils vous ont tiré dessus avec des vraies armes ! C'est hyper-dangereux ! Ils sont complètement fous furieux, tes potes du GRAP ! Je retire ce que j'ai dit tout à l'heure moi, je ne veux jamais y aller. Des amis pareils, je te les laisse, je préfère ma copine l'encyclopédie.

Un peu plus tard, nous remontons dans l'appartement. Tout est faux. Il n'y a pas de vraies balles.

— Ah oui, et les trous dans le canapé ! Hein, les trous, tu les expliques comment ?

C'est juste des pétards qui sont cachés dans le cuir ou dans les murs et qui éclatent sur commande. Il y en a partout dans l'appartement. En fait, tout l'immeuble est un centre d'entraînement du GRAP. Tout y est filmé, surveillé, truqué, bidouillé… Du coup, on peut regarder le film de notre après-midi… Vois-tu, journal, je ne sais pas encore si je suis un bon espion, mais je peux te dire que je ne suis pas un grand acteur.

Allez, je te laisse, je vais me coucher, t'imagines pas comme ça m'a fatigué tout ça.

— Et tes parents ? Tu leur as dit ?

T'es pas fou ? Non ! Ils ne doivent rien savoir. Du coup, il va y avoir du changement pour toi. Je vais être obligé de te cacher, car si jamais on te trouve et qu'on te lit, je serai démasqué. Alors à partir de demain, faudra réfléchir à une bonne planque. Allez, bonne nuit !

— Bonne nuit, bonne nuit. Tu parles, les cahiers, ça ne dort pas, même pas d'une page… mais bon, bonne nuit quand même !

RON RON RON RONNNNN

— Je parle tout seul, il dort déjà.

(La ligne de ronron est écrite par moi, le cahier, car comme vous l'aurez deviné, à ce moment-là, Prosper en est bien incapable… Il dort.)

3
2
1

DEM

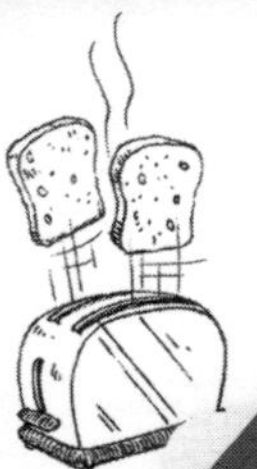

Chapitre II
Les nouveaux sont des nouvelles

MERCREDI 22 FÉVRIER,
17 H,
DEVOIRS EN COURS,
GOÛTER SUR LA TABLE.

Eh, journal, lève-toi ! Écoute-moi bien, il y a du nouveau, ou plutôt, il y a des nouvelles !

— Super, alors vas-y, balance ! C'est quoi les news ?

Depuis le départ des Anderson, l'appartement d'à côté était vide, maintenant il ne l'est plus. Ça vient juste de changer. Il est plein, et pas qu'un peu. Les nouveaux voisins sont arrivés, et ces voisins-là sont des voisines.

— C'est donc pour ça que tu me déranges ? Et bien sûr, tu es allé les saluer ?

Mais oui, figure-toi que j'y suis allé !

— Et tu leur as dit bonjour ? Alors là, je ne me moque plus, je suis fier de toi !

Je les ai croisées dans l'escalier, la mère et deux des filles. Comme elles m'ont dit bonjour, je n'ai pas pu faire autrement que de répondre. Et alors…

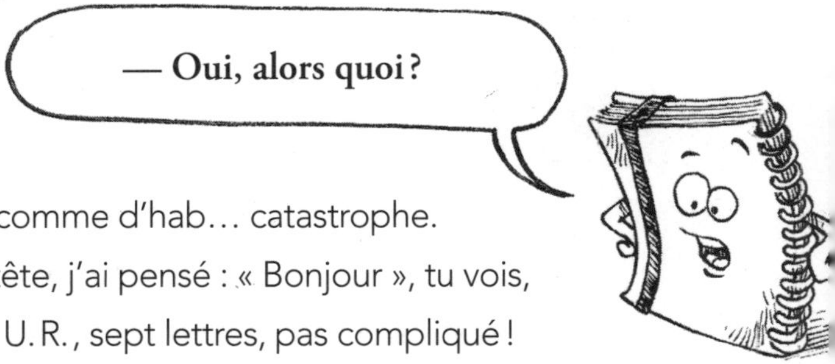

Alors comme d'hab… catastrophe.

Dans ma tête, j'ai pensé : « Bonjour », tu vois, B.O.N.J.O.U.R., sept lettres, pas compliqué ! Je me suis concentré, j'ai pensé très fort à un bébé en les regardant, j'ai respiré un grand coup et… Et quand j'ai ouvert la bouche, voilà ce qui est sorti :

« B O O O O O O O O O O O O O O O O O O O O O O O O O O O O O O O O N N N NNNNNNNNNNNNN, B O O O O O O N N N N N N NNNNNJJJJJJJJJJJJJJJ, BONJJJJOURRRRRRRRR ! »

Voilà. Cent une lettres, vingt secondes et une humiliation plus tard… Je suis parti en courant, rouge de honte.

Juste le temps pour moi d'entendre Mme Escalier qui arrive derrière pour leur dire :

« Faites pas attention au petit Prosper, il est gentil, mais il bute un peu sur les mots. Faut pas l'écouter, faut le lire. C'est avec un crayon qu'il parle le mieux. Et puis faut pas bloquer l'escalier comme ça, c'est pas une aire de repos sur l'autoroute des vacances, ici, c'est mon lieu de travail !

Alors s'cusez-moi, je passe, mais moi j'ai du travail. Et pis c'est pas parce que vous déménagez qu'il faut laisser des trucs traîner partout ! Ici, c'est mon escalier, c'est pas un hall de gare ! Faudrait voir à pas mettre le foutoir dans le coin, parce que c'est qui qui range ? C'est Bibi ! »

Juste après, arrivé à la porte de l'appartement, j'ai entendu une des filles dire à sa mère :

« C'est pas l'asile, ici, mais c'est pas loin ! Entre celui qui parle **cocococoooccccccommmmmm çççççççççça** et la foldingue au balai, manque plus qu'un ou deux crocodiles et c'est le zoo ! »

— Et elles n'ont pas encore vu Crocfroc !

Si, justement, il est arrivé à ce moment-là, sur les traces de sa maîtresse. La mâchoire en avant et la bave aux lèvres, comme d'habitude, il est passé en poussant ses grognements de tortue asthmatique ; le résultat a été immédiat : hurlements dans l'escalier, mère et filles ont eu peur !

Alors là, cavalcade, grimpage de marches quatre à quatre, claquage de porte, et pour finir, jappement étonné du chien. Puis cri de rage de l'Escalier qui, comme tu le sais, déteste qu'on fasse du bruit dans « son » escalier, qu'on court dans « son » escalier, qu'on joue dans « son » escalier, qu'on parle dans « son » escalier. Si elle avait le choix, elle nous obligerait à passer par les fenêtres de la façade, « comme ça y aurait moins de ménage à faire » !

— Eh bien ! ça promet de belles rencontres dans les escaliers de l'Escalier. Et la prochaine fois que tu croiseras tes nouvelles voisines, prépare un petit mot à leur donner, histoire de réparer le coup. On ne sait jamais, elles sont peut-être sympas. Parce que ce n'est pas pour dire, mais à part Zoé, tu ne vois quand même pas grand monde. Ça te ferait du bien de t'ouvrir un peu aux autres…

Oh, journal, tu te prends pour ma mère ?

— Mais non… Quoique, de temps en temps…

Écoute, maman bis, là je n'ai pas trop le temps, je dois monter au cinquième garder le bébé des Foux. Mais avant de filer, j'ai une autre grande nouvelle à t'annoncer !

— Super ! Tu as gagné au loto ?

Non, mieux que ça !

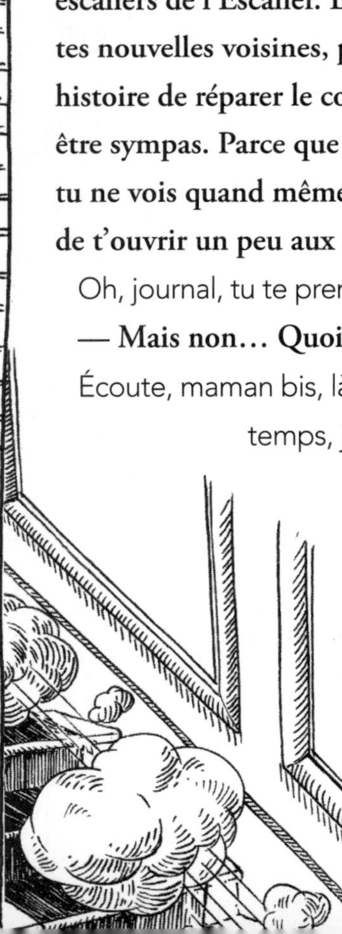

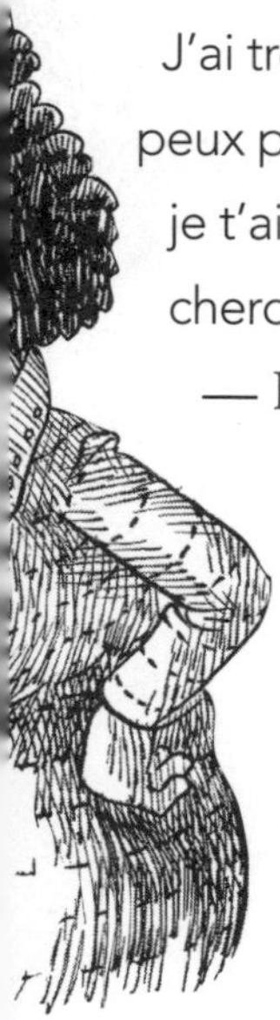

J'ai trouvé une cachette pour toi. Comme je ne peux plus prendre le risque que tu sois découvert, je t'ai dégoté un endroit où personne n'ira te chercher !

— Hé, mais tu ne me dis pas où tu me caches ?

Trop risqué, personne ne doit savoir ! Je file, je suis presque en retard, et je déteste être en retard : c'est très mauvais pour la réputation, c'est un coup à perdre des clients.

— Attends, tu ne peux pas me laisser caché tout seul !

Ben si, pourquoi ?

— Parce que je vais m'ennuyer ! Ce ne serait pas chic du tout de ta part ! Cache-moi au moins avec un autre livre, que je puisse discuter et passer le temps.

Et avec qui ?

— Avec l'encyclopédie ? C'est possible ?

Ah bon ? Et pourquoi pas le dico d'anglais, mon livre sur les insectes, ou un cahier de maths ?

— Non ! Pas le dico, il est rasoir, pas les maths, je comprends rien à ce qu'il dit, et pas les bestioles, j'ai peur… Et puis, l'encyclopédie et moi, on se…

OK, c'est bon ! Bon, j'y vais ! Ce coup-ci je suis en retard. Mais je suis sûr que tu vas adorer ma cachette ! Je suis certain que ça va te plaire.

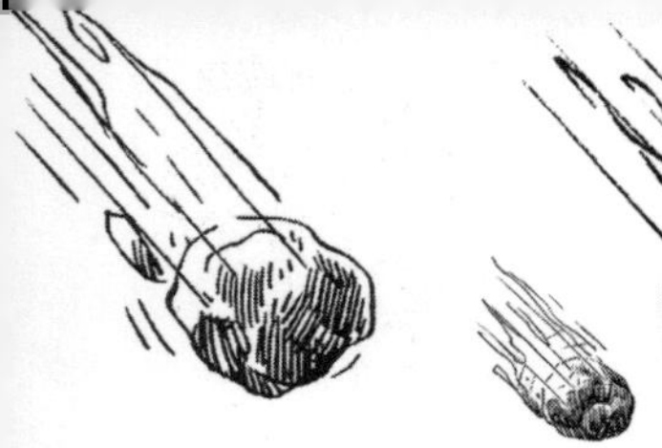

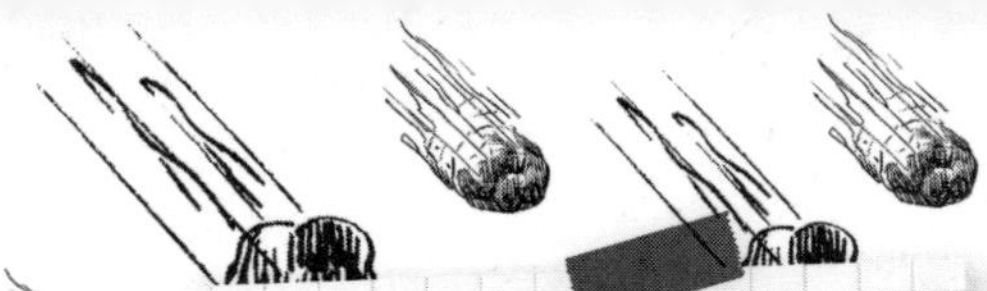

DIMANCHE 26 FÉVRIER

Journal, il faut que je te parle ! C'est la fin du monde, la bérézina, la catastrophe, l'enfer ! À côté de ce qui m'arrive, une pluie de météorites n'est rien, perdre tous ses cheveux en une nuit est un plaisir, même se faire manger vivant par un crocodile est moins grave !

— Ah, tu es de retour ! Je suis bien content de te revoir si vite, il faut que je te parle ! Et tout de suite, ça ne peut pas attendre.

Il m'est arrivé une drôle de chose chez les Foux !

— Ce que tu m'as fait subir est inqualifiable !

Un truc incroyable ! Inimaginable ; tu n'as pas idée de la violence de ce que j'ai découvert !

— Je ne sais pas comment tu as pu avoir cette idée d'une rare inhumanité ! Comment tu as pu être aussi sot que bête et comment tu as pu mêler mon amie l'encyclopédie à tout ça ! C'est proprement indigne…

Tu imagines, me faire ça à moi !

— Tu te rends compte de ce que tu m'as fait ?

Imagine quand Mme Foux m'a montré ce papier trouvé le matin même dans sa boîte aux lettres ! Imagine ma tête !

— Tu imagines la tête qu'a fait mon amie l'encyclopédie quand elle a découvert l'endroit où tu nous a cachés ?

Journal ! Tu m'écoutes un peu ?!

— **Prosper ! Tu vas me laisser écrire, oui ?**

…

— **… Bon, OK, toi le premier !**

Regarde, c'est un tract qui a été déposé dans toutes les boîtes aux lettres de l'immeuble ! Et tu sais ce qu'il dit, ce tract ? Il dit : « Alice, Margaux et Lucie, vos trois nouvelles voisines, sont disponibles pour des baby-sittings à toute heure, tout le temps, l'une de nous trois sera toujours là ! » Je suis fini, ruiné, vidé, anéanti par la concurrence ! Tu comprends, je ne suis qu'un garçon ! Déjà, lutter contre une fille, c'est quasi impossible, mais contre trois ! C'est la fin de ma vie de baby-sitter ! Je vais me reconvertir, changer de métier… Peut-être quitter l'immeuble. Je ne sais pas encore, je réfléchis…

— **C'est bon ? Tu as fini de pleurnicher ? Et moi alors ? Comment as-tu pu penser que me mettre dans la boîte avec tes chaussures de sport était une bonne idée ? Tu sais ce que ça fait de passer des heures le nez dans des vieilles baskets ? J'ai failli mourir asphyxié !**

… (Soupir.)

— … (Soupir.)

Et maintenant, je fais quoi ?

— Et maintenant, tu fais quoi de moi ?

Comment je vais l'annoncer à Zoé ? Elle va être désespérée !

— Comment me faire pardonner par mon amie l'encyclopédie de l'avoir entraînée là-dedans ? Elle va me détester !

Alors, dis-moi, carnet… Je fais quoi, maintenant ?

— Tu fais ce que tu veux, mais tu arrêtes de pleurnicher sur toi-même et surtout, surtout, tu me trouves un endroit confortable pour passer la nuit ; je refuse de retourner une seconde de plus avec tes pompes qui puent ! C'est compris ?

Quoi ? Tu me parles sur un autre ton ! Ou je t'abandonne !

— C'est ça, bon débarras ! Des comme toi j'en trouverai d'autres. Tu peux bien m'abandonner où tu veux, de toute façon un garçon, qui déserte si facilement à la première difficulté, c'est pas une grosse perte.

Tais-toi !

— Arrête d'écrire !

Ferme-la !

— Ferme-moi !

Ferme-toi ! Tiens, et puisque toi tu n'as peur de rien, je te remets avec les baskets ! Tu vas voir, on s'habitue à tout, même à leur odeur. Salut !

— Ah, non, ça c'est pas juste, c'est déloyal ! Pas le placard, pas les chaussures, pas les baskets ! Au secours, à l'aide, sortez-moi de là. Help !

NON

Chapitre III

Je voulais te dire que…

SAMEDI 10 MARS, 14 H, TEMPS MAUSSADE, HUMEUR DE MÊME, GIBOULÉE DEHORS, PLUS DE GÂTEAUX DEDANS, PAS DE BONBONS, LA VIE VAUT-ELLE VRAIMENT LA PEINE D'ÊTRE VÉCUE ?

Journal ? T'es là ? OK, je sais bien que t'es là, mais… Tu veux bien qu'on se parle ? Ça me manque de ne plus t'écrire. Mais de toute façon, tu m'écoutes, alors je vais te dire ce que j'ai à te dire et tu feras bien ce que tu voudras.

En premier, faut que je te demande **PARDON…**

J'espère que tu apprécies parce que ce n'est pas un mot facile à dire, et pas beaucoup plus simple à écrire. Je suis désolé pour l'autre jour… Je ne pensais pas ce que je t'ai dit. Pour les chaussures aussi, je suis désolé. Moi, je voulais juste te mettre à l'abri, rien d'autre. Je comprends que tu ne me répondes pas…

Il faut quand même que je te raconte, il y a du nouveau à propos des baby-sittings. J'ai décidé de ne pas me laisser faire. Elles veulent la guerre, elles vont l'avoir ! Après tout, j'étais là le premier ! Alors j'ai moi aussi réalisé des tracts que j'ai glissés dans les boîtes aux lettres. J'ai fait un joli dessin, tu me connais, les dessins c'est mon truc. Mais j'ai bien senti que les choses se compliquaient. Ce n'est pas facile pour moi, je suis tout seul, elles sont trois, et puis je parle pas alors qu'elles… elles parlent comme dix ! Tu les entendrais, ce n'est pas croyable ! On dirait qu'elles ont des papillons qui leur sortent du bec ! Dès qu'elles croisent quelqu'un, elles trouvent le mot aimable, celui qui fait sourire, celui qui fait rire, qui fait réfléchir ; elles ont toujours un truc à dire, et le plus terrible, c'est que c'est intelligent, intéressant. Et moi j'arrive derrière elles… comment veux-tu que je lutte ? Booonnnn bbbbonnnnnnnnnjooooooo, bonnnnnnjourrrrr mamamamamammmmaaaa ddaaa madammmmmme…

Et voilà, elle est déjà partie ! Alors si en plus je demande si le bébé a bien dormi, et comment vont ses dents, si la fièvre de samedi soir est tombée, t'imagines !

Alors journal, c'est décidé, maintenant c'est la guerre ! Je ne sais pas encore ce que je vais faire, mais je te promets

que je vais les pulvériser, les atomiser, les…
Je vais reconquérir cet immeuble !
Je reprendrai cet escalier qui est le mien, marche après marche s'il le faut, mais je serai de nouveau « le » baby-sitter de l'immeuble. Voilà, sinon tout va mal, à l'école, j'ai essayé de réciter du Molière, c'est devenu du gruyère, un texte à trous. J'ai fait rire tout le monde et moi j'avais super envie de pleurer. Voilà, c'est tout.

Et toi ? Tu ne veux toujours pas me parler ?

— …

Je comprends.

Je reviendrai quand même te voir.

Ah, pour que tu sois bien, je t'ai installé, avec ta copine l'encyclopédie, tout en haut de la bibliothèque, là où la vue est la plus belle.

De toute façon, personne ne viendra te voler, je n'ai pas de nouvelles de M. Alfred, pas de mission.

De ce côté-là aussi, c'est nul.

Cher journal, je t'ai refait un plan de l'immeuble avec quelques changements.

28, rue du Renard-Timide, c'est toujours là que j'habite.

Au cinquième, les Foux. Fidèles « clients » avant l'arrivée des filles. Pour vivre là-haut, il faut aimer le chaud l'été, le froid l'hiver et les escaliers qui n'en finissent pas.

La famille Antoine, un vrai territoire de conquête, pas encore fait de baby-sitting chez eux. Ils sont discrets, mais je sais quand même qu'il y a des enfants à garder… À suivre.

Là, c'est moi, c'est nous, c'est ma famille. Rien à dire.

De ce côté, il y a un immeuble qui ressemble au nôtre. C'est là que les trois sœurs devraient aller chercher des bébés à garder !

Le paradis ! C'est mon abri, mon antre, mon endroit à moi, mon centre du monde, mon ciel. C'est la librairie de Lucille où je me réfugie dès que je peux.

N'empêche que c'est quand même un nom de rue étrange… En même temps, je connais très peu de renards, alors peut-être qu'un renard timide, c'est pas si rare.

Le père Noël passe par là. Faudra penser à agrandir le conduit de cheminée pour avoir des cadeaux plus gros.

Rose et Éric, c'est là que tout a débuté. Si jamais les filles me prennent ce territoire, c'est la fin.

Ici, c'est l'appartement de Zoé, ma meilleure amie. Et si jamais elle préférait faire ami-ami avec les sœurs? Entre filles...

Donc là, ce sont mes ennemies, Alice, Margaux et Lucie, les sœurs maudites! Les Anderson qui sont partis étaient des espions, celles-là sont des concurrentes. Qui sait, c'est peut-être aussi grave... Peut-être beaucoup plus!

Au premier, c'est M. Alfred. Il vit seul, avec quand même ses vingt-quatre chats. C'est un ancien agent secret, c'est lui qui m'a fait rentrer au GRAP. Je crois que c'est un ami... Mais aujourd'hui, je doute de tout.

Là, il y a un immeuble qui est beaucoup moins bien que le nôtre, mais qui lui aussi doit regorger d'enfants qui ne demandent qu'à être gardés par des filles.

Rachid et Claire, ils sont plus que les propriétaires de l'épicerie, ce sont des amis. Bavards et un peu râleurs, mais beaucoup, beaucoup de cœur.

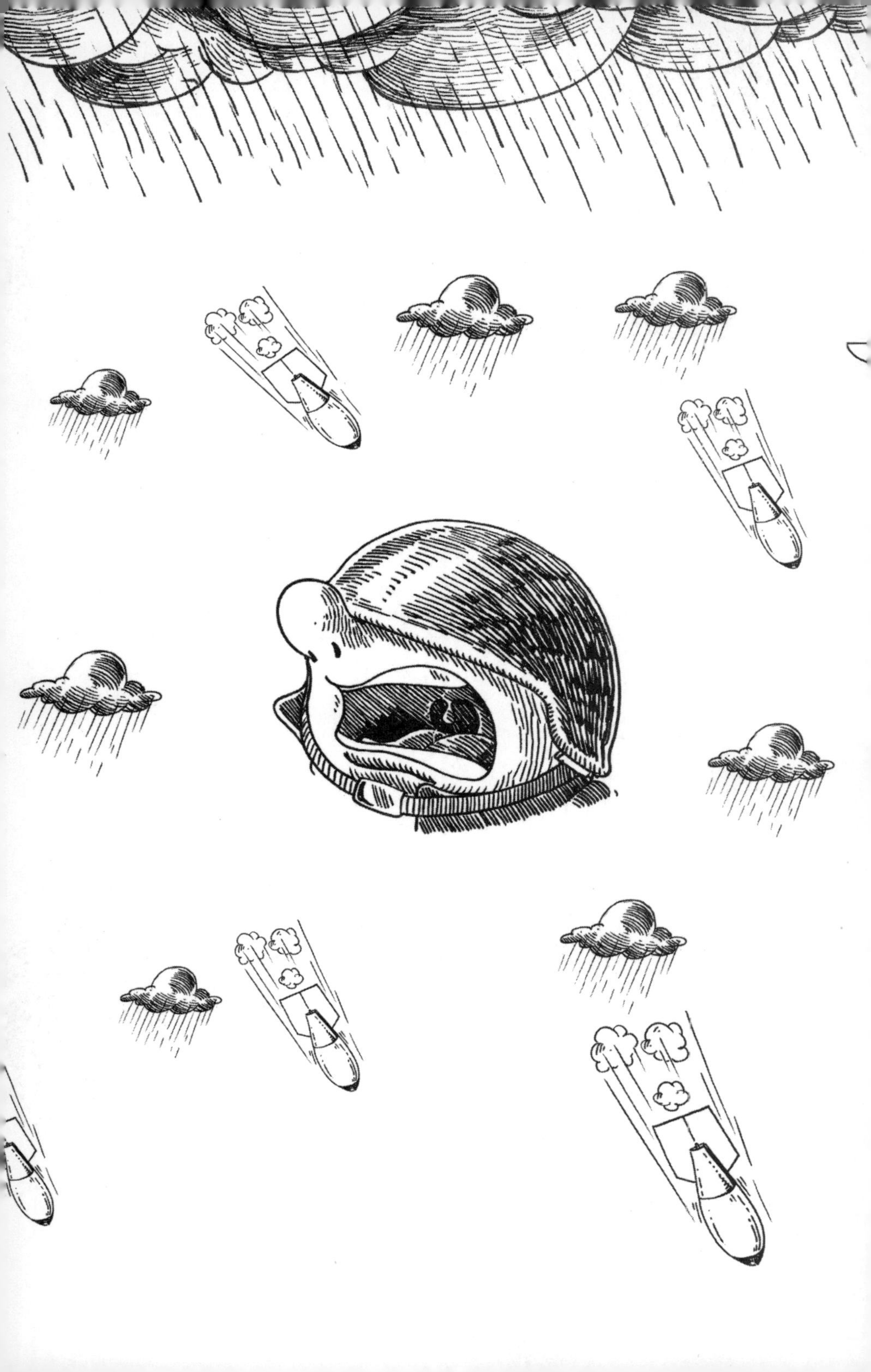

Chapitre IV

La guerre des trois (filles) aura bien lieu !

LUNDI 12 MARS,
LA PLUIE, LA PLUIE, LA PLUIE. J'AIME PAS LA PROF D'ANGLAIS, ELLE LE SAIT ET NE M'AIME PAS NON PLUS, J'AIME PLUS LES POMMES, LES GÂTEAUX DU GOÛTER SONT MAUVAIS. MAIS SINON TOUT VA BIEN.

Journal ! Celui qui t'écrit est un homme en colère, un homme blessé ! C'est officiel, c'est la guerre ! L'ennemi a fait une attaque-éclair, une attaque-surprise, lâche ! Tel que tu ne me vois pas, je suis un genou à terre et un couteau planté dans le dos !

Journal ! Il faut que tu m'aides ! Journal !

— …

Journal ! Journal ! Parle-moi ! Réponds ! Journal, si tu ne dis rien, je te déchire ! Journal !

Journal, s'il te plaît, j'ai besoin de toi… s'il te plaît, réponds-moi…

— Bon, OK, je t'écoute. Mais attention, plus jamais de baskets à l'horizon, plus jamais de placard tout noir ni de boîte à chaussures ! Compris ?

Oui !

— Et en quoi puis-je t'être utile ?

Je ne sais pas quoi faire !

— Quoi faire pour quoi ?

Comment faire pour battre les trois sœurs, pour garder « mes bébés » ? Elles ont déjà réussi des tas de trucs super-malins.

— C'est quoi, des trucs malins ?

Elles ont distribué des petits pots de confiture dans tout l'immeuble. De la confiture qu'elles ont faite elles-mêmes, et sur l'étiquette du pot…

— Je vois, il y a leur numéro de téléphone ! C'est malin ça. Et quoi d'autre ?

Elles passent leur vie dans l'escalier. Tu descends, tu montes, tu rentres, tu sors, il y en a toujours une qui est là. Et que je te tienne la porte, et que je t'aide à porter tes courses, et que si vous avez besoin n'hésitez pas à demander, et que je peux peux vous chercher du pain si vous voulez, et que je te prendre votre

poubelle parce que comme par hasard je descends aussi la mienne… C'est bien simple, ça ne fait pas une semaine qu'elles sont là et elles sont déjà les reines de l'immeuble ! Journal, elles passent leur temps à discuter avec tout le monde... Alors forcément, moi ça m'énerve.

— OK, OK, OK… Mais il reste l'Escalier et Crocfroc ! Eux au moins ne se laissent pas faire ? Ils continuent à être épouvantables, détestables, pas aimables, peu fréquentables, très irritables et un tas d'autres trucs insoutenables ?

Non ! Non ! Même pas ! Elles ont réussi un exploit ! Crocfroc est devenu un véritable toutou tout mou, trop chou, un joujou ! Il ne reste plus rien du pou qu'il était, de la teigne qui mordait ! Quant à l'Escalier ! Alors là ! Elle leur donne ses propres caramels !

— Et toi tu ne fais rien ?

Si, justement, j'ai fait deux ou trois petites choses. Et… il faut que je te demande ton avis.

— Raconte !

Alors voilà ● ● ●

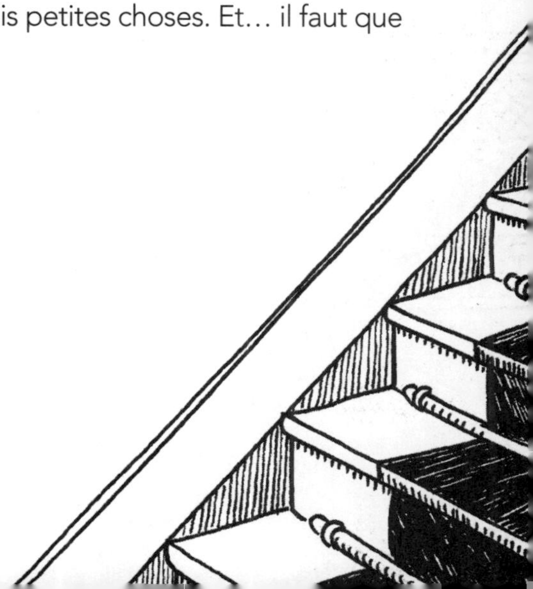

1 2 3 4 5 6 7 8 9 10

J'ai commencé il y a une semaine. Méthode douce. Comme d'habitude, l'ascenseur était en panne. Bon, j'ai juste un peu trafiqué la minuterie de l'escalier. (Une fois, par hasad, j'ai vu le réparateur la régler, alors je sais faire). Je me suis posté au troisième, et j'ai entendu une des trois sœurs s'engager sur les marches… J'ai attendu que la lumière s'éteigne. De ma cachette, j'ai tiré sur une petite ficelle que j'avais installée. Le genre qui arrive juste au niveau des chevilles et fait un parfait croche-patte. Je tire, j'attends, je compte jusqu'à trois. Un, deux, trois… il ne se passe rien, quatre, cinq, six… je m'étonne, sept, huit, neuf… j'angoisse, dix… Boum, un bruit, une chute, une dégringolade sur les marches, un grand cri…

AAAAAA

(Là, il y a eu des mots que je ne peux pas te répéter, car ils sont très, très moches ; des trucs à ne dire qu'en cas d'extrême urgence, mais à ne surtout jamais écrire.) J'ai donc éliminé ma première ennemie. Les filles 0, Prosper 1 !

— Mais c'est immonde comme méthode !

Journal ! C'est la guerre ! C'est la dure loi du commerce ! *Struggle for life*, comme y disent aux États-Unis ; seuls les plus forts survivent !

— Écoute, je ne sais pas ce qu'ils disent là-bas au pays des hamburgers, des bisons

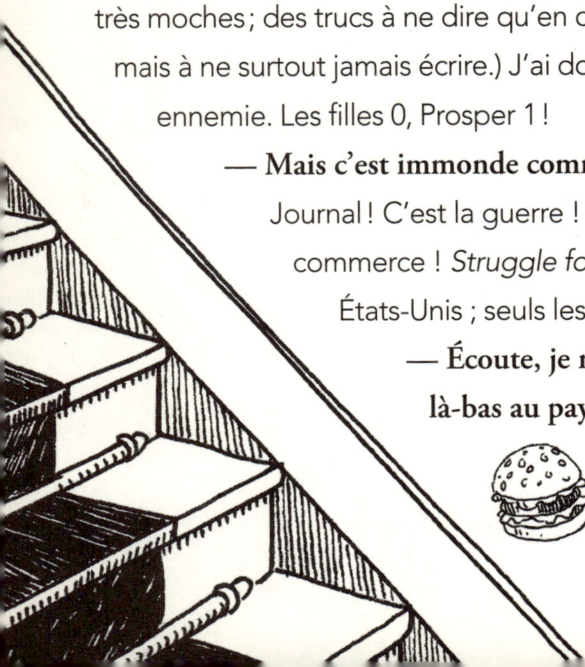

et du cola, mais ce que je sais, c'est que tu es en train de faire n'importe quoi ! Tu deviens un dangereux criminel !

Je sais… De toute façon, j'ai été puni !

— Ah, enfin une bonne nouvelle ! Qui t'a dénoncé ?

Mais non, personne, mais la chute, ce n'était pas une des trois filles !

— Ah ! Horreur, c'était qui ?

Papa ! Et pile, les trois sœurs sont arrivées à ce moment-là et elles l'ont aidé : et que je vous porte vos paquets, et que si vous voulez on a de la pommade pour les bosses, et que ceci, et que cela… Je les déteste tellement elles sont gentilles !

— Et c'est tout ce que tu as fait ?

Non… Ensuite, j'ai bloqué l'ascenseur avec une des filles dedans, Lucie, la plus jeune, pour qu'elle arrive en retard chez ceux du quatrième. Elle y était attendue pour baby-sitter à ma place !

— Eh bien bravo ! Belle mentalité ! Et du coup ?

Du coup, c'est sa sœur qui y est allée ! J'ai mis de la colle dans leur serrure pour qu'elles ne puissent pas sortir de chez elles, mais ça n'a pas marché ! J'ai appelé mille fois leur téléphone pour saturer leur messagerie, j'ai fait des faux tracts avec des faux numéros et leur nom. Mais j'ai bien l'impression que je suis en train de perdre mon marché.

— De perdre quoi ?

Ma part de marché ! C'est papa qui m'a dit ça quand je lui ai raconté pour les filles ! Il m'a parlé de guerre économique, de budgets qui fondent, d'attaques terribles, d'OPA agressives, et d'un tas d'autres trucs auxquels je n'ai rien compris !

— C'est quoi, une « OPA agressive » ?

Je ne sais pas, mais à entendre papa, c'est comme une énorme bête sauvage qui s'attaquerait à tes économies ! Comme si le pire de mes cauchemars venait vider ma tirelire cochon, celle où je mets la recette de tous mes baby-sittings depuis le début de l'année, mon coffre-fort, ma fortune, ma richesse, mon tout, mon or, mon…

— Oh, ça va, ça va, on a compris ! Ce n'est quand même pas ta vie, ta tirelire !

Ma vie, non ! Mais mon vélo, mon ordi, mes cinés, ma musique, mes bonbons, mes bouquins ; ma liberté est au fond de ce cochon !

— OK, vu comme ça. Mais je ne suis pas sûr de pouvoir t'aider ! Alors bon courage et bonne nuit !

Non ! Journal, ne me laisse pas tomber, il faut que je me batte. Il faut que je reprenne ma cage d'escalier : j'ai perdu une bataille, mais pas la guerre ! De Gaulle n'a pas baissé les bras tout de suite, lui ! Je suis prêt à filer à Londres s'il le faut ! Mais je reviendrai sur les ailes de la victoire, armé du glaive de la vengeance, et mon empire sera plus grand après qu'avant ! Journal ? Comment gagne-t-on une guerre économique ?

— Je ne sais pas ! Laisse-moi deux minutes, je file demander à ma copine l'encyclopédie.

LUNDI 12 MARS,
LA PLUIE, LA PLUIE, LA PLUIE. UN PEU PLUS TARD QUE TOUT À L'HEURE,
ET PAR LA FENÊTRE, TOUJOURS LA PLUIE.

— OK, j'ai des infos, j'ai parlé à ma copine qui sait tout ! Alors avant tout, il convient dans cette affaire d'être précis : qu'est-ce qu'une guerre économique ?

L'encyclo est sur ce point très claire : « C'est un ensemble de manœuvres économiques qui visent à réduire un adversaire à néant, à le ruiner, l'écraser,

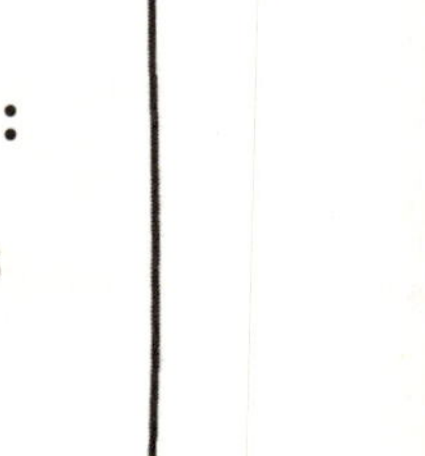

l’écrabouiller, l’aplatir, l’anéantir,
l’écrabouisser, le ratiboiser,
le pulvériser, l’atomiser et puis,
quand toutes ces étapes sont passées,
à le tuer. » Mais attention,
économiquement parlant !

Journal… Je suis mort !

GRAP

Chapitre V

Les filles 1, Prosper 0

MERCREDI 14 MARS,
LA PLUIE, LA PLUIE, ET POUR CHANGER,
DU CIEL GRIS. 21 H 30, DEVOIRS FAITS,
CRAYONS TAILLÉS, PLANS PRÉPARÉS,
MUNITIONS ENGRANGÉES. PAQUET
DE MOUCHOIRS PAS LOIN.

Aujourd'hui, c'est mercredi, et comme tu le sais, journal, le mercredi, avec Zoé, nous allons au…

— **Au GRAP !**

Voilà, c'est ça : normalement, M. Alfred nous prend dans sa grosse limousine noire et nous conduit au GRAP où nous passons l'après-midi à nous entraîner et surtout à bien nous amuser. Mais aujourd'hui… rien ! Pas de GRAP, pas de M. Alfred ! Rien. Juste un mot nous demandant d'aller nourrir les chats et de vérifier que tout va bien. Tu te rends compte, journal ? C'est un affront pour Zoé et moi, deux espions diplômés, certifiés, des James Bond, des vrais ! Deux personnes capables de tuer un ours blanc de dix-huit manières différentes, dont deux avec des cure-dents et des fourchettes en plastique, puis de les dépouiller pour s'en faire un déguisement de Dracula pour Halloween et des conserves pour survivre six mois sur la banquise !

— Prosper ! Tu ne ferais pas ça à un ours, quand même ?

Mais non, c'est juste un exemple. Mais, journal, je suis un désespéré en plus d'être un incompris.

— Et les chats vont bien ?

Oui, tous ! Très bien ! Avec Zoé, on a passé de super-moments à jouer avec eux et on est aussi allés chez Lucille, au Lapin-qui-lit : je voulais me renseigner sur la guerre économique.

Premier problème, trouver le bon rayon.

« Alors, Prosper, que cherches-tu aujourd'hui ? Un roman d'aventures ? Une bande dessinée ? Un documentaire sur les chevaliers, la lune, les requins ? »

Je me voyais mal répondre à Lucille :

« Non, Lucille, je voudrais un livre pour écrabouiller mes voisines, leur faire perdre jusqu'à leur dernier client et devenir plus riche que l'oncle Picsou ! »

Carnet, tu imagines sa tête ?

Du coup j'ai fouillé, j'ai attrapé deux ou trois ouvrages que je suis allé lire caché sous la table des nouveautés. Un endroit où personne ne pourrait me trouver.

— Et tu as découvert des choses intéressantes ?

Oui, des trucs super ! Des tas de chiffres, des schémas, des explications et d'autres équations scientifiques, des pages hyper savantes montrant drôlement bien ce que c'est que la guerre économique.

— Ouah ! Alors, raconte.

Je ne peux pas, j'ai rien compris ! Rien du tout. Des phrases formidables avec des mots tellement compliqués que tu crois qu'il y a une faute d'orthographe à chaque syllabe. J'en étais là de mes réflexions, à plat ventre sous la table, un paquet de gâteaux à portée de la main, ma musique dans les oreilles, un coussin sous les coudes et éclairé par ma lampe de poche, quand il m'a semblé que l'on s'agitait autour et au-dessus de moi. Un coup d'œil en soulevant la nappe qui recouvre la table, une rapide analyse des chaussures qui faisaient face à mon nez, et j'ai compris que mes nouvelles meilleures amies étaient là, tout autour de mon abri… J'étais cerné.

* On peut noter ici que, rendu idiot par la peur et l'obscurité, j'ai oublié que Zoé ne pouvait pas m'entendre.

C'est chouette, j'adore cet endroit !

Des livres, des livres, des livres partout ! Il n'y a rien de plus beau !

Mais, tu oublies le principal !

Ah oui, et qu'est-ce donc ?

Les gâteaux ! Il y a ici les meilleurs cheese-cakes du monde ! Et ça, avec un bon bouquin, ce n'est pas rien !

Hé, les filles, j'ai trouvé un livre top, une tuerie !

Vas-y montre ! Ça parle de quoi ?

Comment vaincre le bégaiement ? Je crois que je sais à qui l'offrir !

T'es vraiment pas sympa ! Mets-toi un peu à sa place, ça ne doit pas être facile tous les jours.

C'eeeeeesssssstt ccceestttttttt vrvrvrrrrrrvvvvvrrrraaaaaaiiiiiii… çaççççaaaaaaaa ddddoooooooit passssssss êêêêêêttttttttre ffafafafa-fafcicicicicile dudududududu tout !

C'est pas drôle, Margaux, tu ne devrais pas te moquer comme ça !

Bon, maman a dit qu'on pouvait choisir un livre chacune, ensuite on file !

Je prends celui-là *Le Journal d'un baby-sitter* ça a l'air top !

Les Pluies, c'est bien comme titre un jour comme aujourd'hui ! Allez, celui-là est pour moi.

Elles partent. Je peux glisser un œil dehors, puis le nez, puis enfin quitter mon abri. Mais où est Zoé ? Ça y est, je l'ai trouvée. Bon, en fait je vois juste un de ses pieds qui dépasse de la table des BD ! Ouf, je ne l'ai pas perdue.

— Tu sais, Prosper, je dois t'avouer que je n'étais pas très inquiet au sujet de Zoé. C'est une grande fille, elle connaît bien l'endroit. Je me demande si parfois tu ne t'angoisse pas pour rien !

Tais-toi, journal ! Et puis comment pourrais-tu savoir ce que c'est que de perdre quelque chose ou quelqu'un ? Tu n'as jamais perdu personne, toi !

— Erreur, mon ami ! Erreur. Au début de l'année, j'étais quelquefois rangé à côté d'un livre fort sympathique, *Buffalo Bill*. Il avait un fort accent américain et me racontait à merveille des histoires de cow-boys, d'Indiens et de bisons. Nous avions pris l'habitude de nous parler un peu de nos vies. Lui me décrivait la plaine et je lui parlais de toi. Et puis un jour, plus de nouvelles ! Disparu. Je ne l'ai jamais revu et j'en ai été fort triste. Donc moi aussi, j'ai déjà perdu un ami. Mais peut-être sais-tu ce qu'est devenu Bill ?

Oui… Enfin, je crois que j'ai une vague idée… Il s'est noyé.

— Noyé ! Un livre !
Mais c'est n'importe quoi !
Tu vas m'expliquer qu'il est parti passer ses vacances au bord de la mer, qu'il a pris le bateau pour rentrer au pays, et que ça s'est fini comme le *Titanic* ?

Non… Je le lisais au petit-déjeuner et je l'ai laissé tomber dans mon chocolat ! Un grand bol, un grand plouf, mort immédiate. C'est triste.

— Ouaip. Moi je l'aimais bien, Buffalo.

Triste fin pour un livre !

— Triste fin pour un ami.

Donc, j'ai retrouvé Zoé. J'allais lui tirer la jambe, histoire de la sortir de sa cachette, mais à ce moment-là, j'ai vu arriver la mère des trois voisines. Pas le moment de se faire remarquer, et comme la table des BD est trop petite pour s'y planquer à deux, j'ai passé un post-it à Zoé, comme ça, discretos, ni vu ni connu. Et nous avons parlé sur mes bouts de papier.

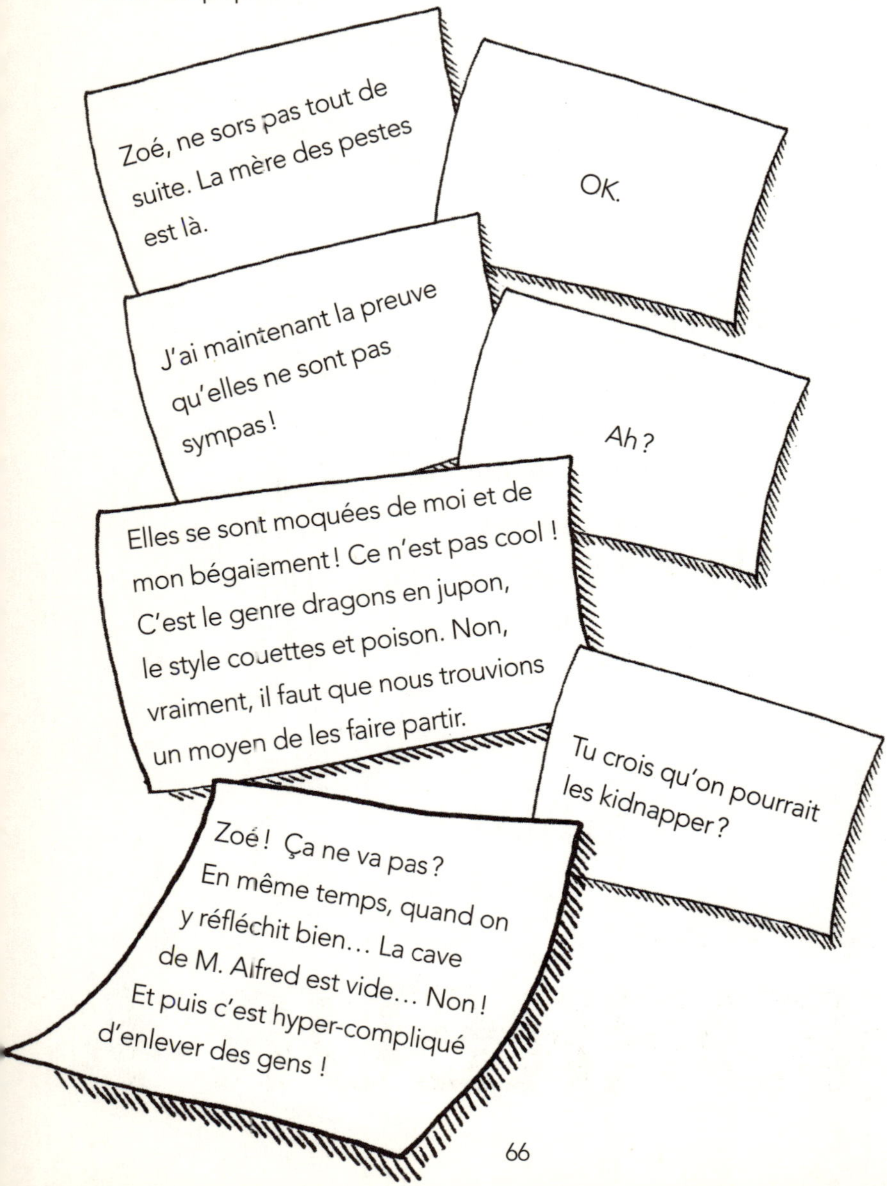

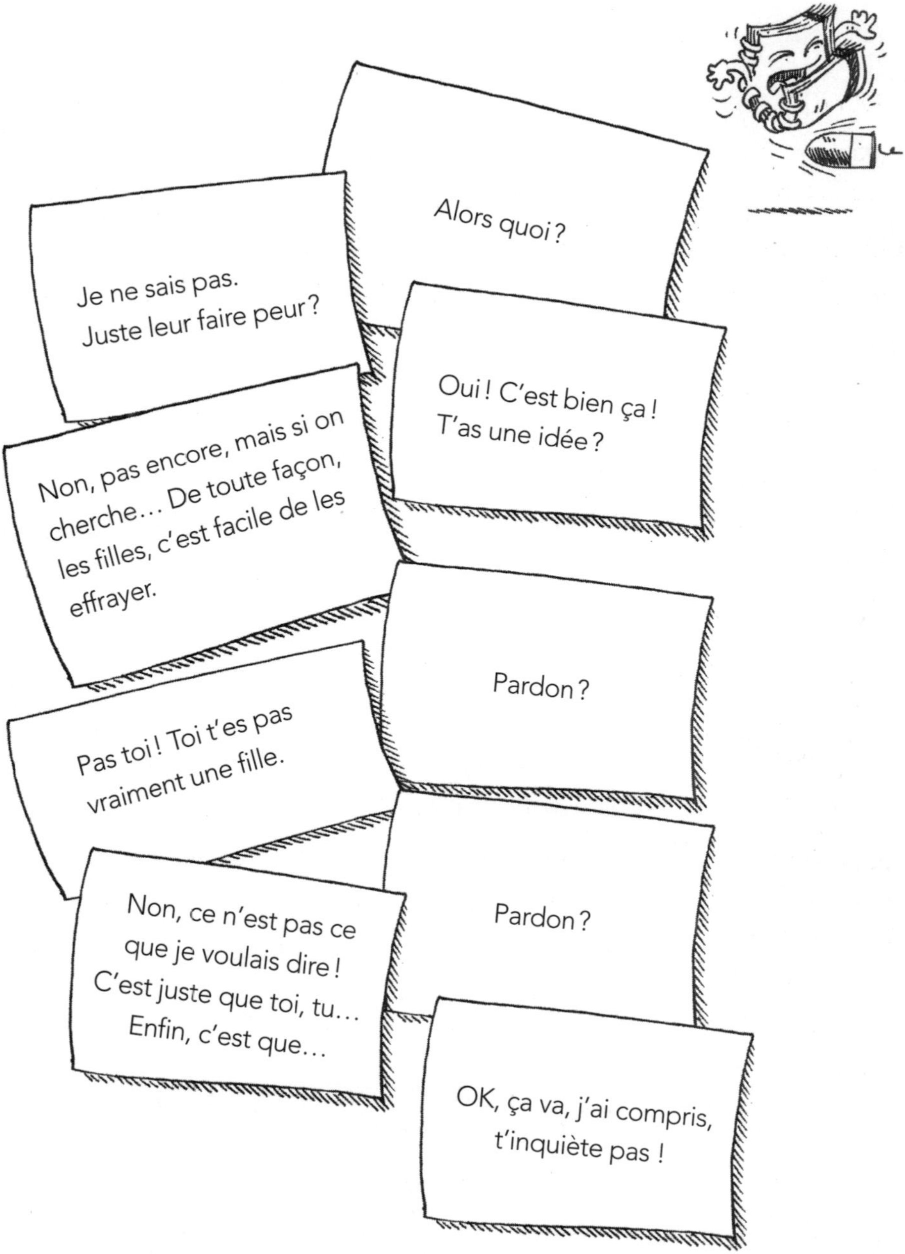

Et là, Zoé est sortie de sous la table, et…

HORREUR !

— Mais ça va pas de crier comme ça dans mes oreilles ?

Journal, tu n'as pas d'oreilles !

— Je sais, mais ce n'est pas une raison. Je pourrais très bien en avoir, et alors là, ce serait très désagréable, voire même dangereux. Mais pourquoi cries-tu en voyant Zoé ? Tu la connais, et il ne me semble pas, pour ce que tu as pu m'en dire, qu'elle soit monstrueuse à ce point-là.

Mais non, Zoé ne fait pas peur, elle est même très jolie, mais là… Là…

— Là, quoi ?

Là, Zoé n'est pas Zoé !

— OK… OK… Je n'ai rien compris.

Ce n'est pas Zoé qui est apparue, c'est Margaux, une des trois, celle du milieu, celle qui venait de se moquer de mon bégaiement. Elle s'est relevée, m'a regardé des pieds à la tête, façon tigre avant de manger une biche, elle a légèrement froncé les sourcils, a souri d'un seul coin de la bouche, a soupiré en haussant les épaules, puis avec un regard narquois, a fait demi-tour en disant juste :

AALLLLLLLLLLLLEZ, SSSSSAAAAAASSSAAAAA-LUUUUUTTTTTTTTTTT !

Les sourires de Margaux...

Choisis le tien...

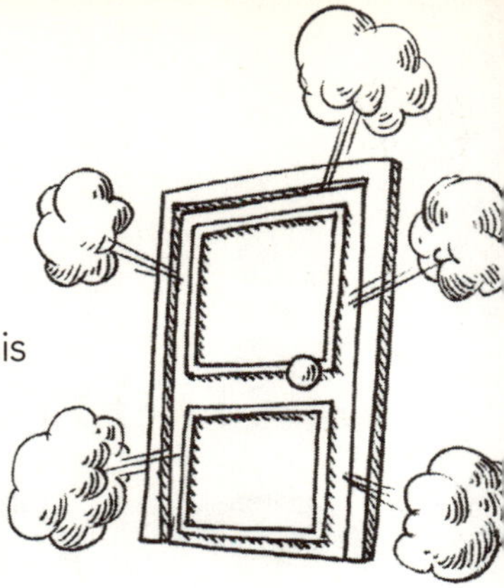

À ce moment-là, je suis devenu tout rouge. Je crois que j'ai eu les larmes aux yeux. Si j'avais pu m'enfoncer pour toujours dans le sol, je l'aurais fait. J'aurais voulu être une puce, même plus petit qu'une puce, une puce de puce, pour disparaître à tout jamais. Comme je ne suis pas une puce, que je ne peux pas m'envoler, j'ai fui, j'ai traversé la boutique de Lucille en courant comme un fou. J'ai bousculé tout le monde, j'ai remonté les escaliers quatre à quatre et je suis venu m'enfermer ici… Mais dans tout ça, le pire, c'est qu'en sortant, j'ai vu Zoé en pleine discussion avec Alice, la plus grande des trois. Elle semblait rire avec elle. Zoé m'a trahi, elle est passée à l'ennemi !

Dans l'escalier, j'ai failli renverser Rose qui portait Éric, j'ai bousculé Crocfroc et Mme Escalier, je ne me suis pas arrêté ; ils ont dû me trouver horrible. C'est décidé, journal, à partir de maintenant je vais vivre en exil, seul, malheureux… Je vais partir et je ne sais pas si je reviendrai un jour.

— Hé, Prosper, tu ne crois pas que tu en fais un peu trop ?

Non ! On n'en fait jamais trop quand on est malheureux, et je suis malheureux. Je suis même le plus malheureux du monde ! Je suis le champion de la discipline, l'Himalaya du malheur, l'empereur des idées sombres et de la mauvaise humeur !

Sur ce, je vais me coucher ! Bonne nuit ! Tu as bien de la chance d'être en papier, tu sais ! Avoir un cœur fragile et sensible comme

le mien, c'est dur… Surtout quand il est brisé à tout jamais !

Je vais dormir, journal, je vais fermer les yeux et tenter de trouver dans le sommeil le repos de mon âme éparpillée aux quatre coins de l'univers ! Adieu !

— OK, OK… Moi je vais aller taper le carton avec l'encyclopédie et le livre sur les ours : on s'est donné rendez-vous ce soir. Alors, avant d'aller sombrer sur ton oreiller, tel le *Titanic* du chagrin, n'oublie pas de me ranger avec ces deux-là. Bonne nuit quand même.

VICTOIRE
PROSPER

Chapitre VI
Fils de pub…

VENDREDI 16 MARS,
LE SOLEIL. 23 H 30,
SOIR DE VICTOIRE,
LA RECONQUÊTE EST EN MARCHE.

Journal ! Journal ! Jour de victoire qu'aujourd'hui ! Journal, j'ai vaincu la rue, je l'ai traversée, j'ai baby-sitté de l'autre côté et, cerise sans le noyau, je suis revenu armé. Journal, j'ai conquis un nouveau territoire, ma liberté ! Ah, journal, tel que tu peux me lire, je suis un homme heureux !

— Prosper qui pleure, mercredi rit le vendredi ! Je croyais que ton pauvre petit cœur était brisé à tout jamais, que tu étais cassé comme un réveil tombé du centième étage, et là, que vois-je, ou plutôt, que lis-je ? Tu es en pleine forme, remonté comme un coucou ! Ton retour chez les vivants me fait plaisir. Allez, raconte, parce que pour l'instant, je ne comprends pas grand-chose.

Tu sais, j'ai déposé des tracts dans les boîtes aux lettres du quartier pour proposer mes services de baby-sitter, et hier, bingo, une demande. Du coup, ce soir, je suis allé m'occuper de Bryan, dans l'immeuble d'en face. Et alors là, ce n'était pas banal. Bryan est plutôt facile à garder, il faut juste surveiller qu'il n'avale pas Joe…

— Quoi ? L'autre côté de la rue est occupé par des cannibales ?

Mais non, Bryan est un python royal, du genre à mesurer huit mètres et à grignoter une vache au petit-déjeuner.

— Mais ils sont malades, ces gens-là ! On ne laisse pas un jeune garçon comme toi avec un monstre pareil !

C'est aussi ce que j'ai pensé au début, mais quand j'ai vu Joe, je me suis dit que je pouvais rester.

— Ah, y a un vrai bébé !

Non ! Joe n'est pas un enfant, c'est un lapin nain.

— Donc c'est officiel, tu as passé la soirée chez des dingues !

Mais non, je devais juste être dans la même pièce que le python. Il vit dans une sorte de grande cage en verre, il déteste la solitude, du coup il déprime. Mais ce n'est pas le plus important, le plus important, c'est le métier de celui qui m'a fait venir, M. Setipsi. Il travaille dans la pub.

— Et alors ?

Alors il m'a demandé qui j'étais, ce que je faisais dans la vie
et pourquoi il ne m'avait jamais vu dans l'immeuble.
Je lui ai tout raconté…

— Tu lui as parlé ? Le pauvre ! Ça a dû prendre des heures.

Jeeeeee mmmmeeee prrrééssennssennnssennnttteтte,
je m'aapppappppppellle, Pro, pro, pro popopoporosp perperperper.
Tu fournis les aspirines à la fin ?

Journal, en plus de ne pas être drôle, tu es méchant.
Je lui avais expliqué avant, par SMS, que je ne parlais pas. Mais il s'en fichait un peu, vu que c'était pour garder des animaux.
Chez lui, il m'a passé une tablette sur laquelle j'ai écrit.

— OK, OK, ça se tient.

Quand je lui ai raconté mon problème avec les trois sœurs, il a réfléchi deux secondes puis il m'a dit :

« Je vais m'occuper de toi ! Je vais te faire de la pub, on va travailler sur ton image, ton positionnement, ta communication. Nous allons faire de ton défaut un avantage, de ta différence une force, nous allons inonder le quartier de ton image, nous allons noyer le marché et faire une véritable guerre économique à ces trois *sisters-sitters* ! Fais-moi confiance, petit, j'ai vendu des yaourts à des vaches, j'ai fait acheter des patins à glace à des autruches, j'ai réussi à dissuader des Anglais de boire du thé, j'ai lancé avec succès le grille-pain à pédale, les gants à douze doigts et le couteau sans lame, alors te vendre et faire de toi le baby-sitter le plus célèbre du monde, c'est un jeu d'enfant ! »

Il a sorti un bloc de papier et a commencé à dessiner des tas de trucs, à faire des croquis, des schémas.
« Tu vois petit, on ne va pas à la guerre sans un bon plan de bataille ! »

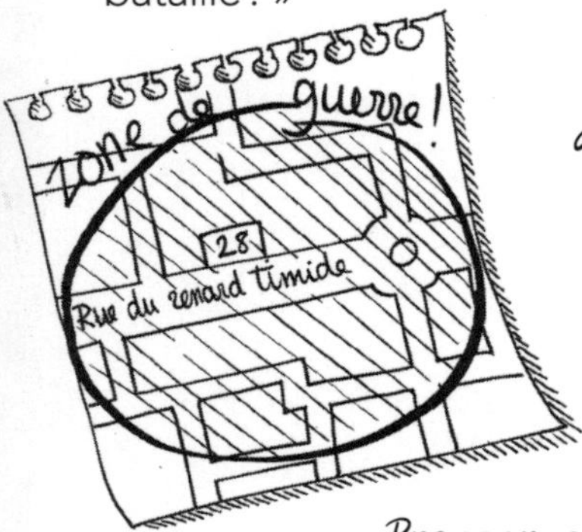

28, rue du Renard-Timide, cible n° 1 tout autour hachuré, zone de guerre.

Liste de slogans

Prosper, il gère!

Avec Prosper, pas de galères!

« Mieux, mais pas encore ça. »

Prosper, enfin un baby-sitter! « Et tu mets le "un" en gras, en énorme, en rouge, c'est ça ta différence ! Tu dois te démarquer de la concurrence ! »

Pin's

Pin's avec un petit dessin!
Biberon, tête de bébé, pouce levé, ton prénom, un smiley.
Pin's avec ton n° de tél.

Magnets pour le frigo

« Et puis, il faut te relooker. Tu dois être à la fois cool, mais sérieux, tu dois faire "d'jeun's", mais pas trop. Pense à avoir le cheveu en ordre, mais avec ce qu'il faut de fantaisie, il faut que tu laisses le vent de la création souffler sur ta tête.

Il faut revoir ton tract ! Tout revoir.

Il faut faire des affiches, on pourrait faire passer un avion avec une banderole derrière, des grands panneaux aux quatre coins de la ville !

Tu dois distribuer des petits cadeaux publicitaires :

Un bébé miniature qui dit "Prosper" quand on lui appuis sur le ventre !

Un porte-clés Prosper qui rappelle ton numéro de téléphone quand on le lui demande.

Un mug Prosper avec ton téléphone en gros !

Prosper, tu dois être partout, tout le temps. »

— Il t'a dit tout ça ? Il a gribouillé tout ça ?

Oui, et attends la suite, tu ne vas pas être déçu !

Au moment où j'allais partir avec mon plan de bataille dans la poche, Mme Setipsi est rentrée, son fils, Julien, deux ans, dans les bras. Quand il m'a vu, le bébé a souri et m'a tendu les mains. Alors, que crois-tu que j'ai fait ?

— Je ne sais pas, tu lui as proposé une partie de pêche au thon, un tour en montgolfière, une part de tarte au citron ? Prosper, tu poses des questions idiotes !

Non, rien de tout cela, carnet sarcastique, je lui ai juste dit bonjour !

— Ah ! Oui, alors là c'est malin, mais je n'y avais pas pensé ! C'est bien, de dire bonjour ! C'est révolutionnaire, inattendu, brillant ! Tu as dû les épater, les Setipsi !

Journal, si je ne te connaissais pas mieux je pourrais m'imaginer que tu es stupide !

J'ai dit « bonjour » au bébé, et non pas « Bbbbbbbooobbbbonnononononbbbonononnojjjjjjouuuur » !
Tu saisis la nuance ? Parce que M. Setipsi, lui, il a tout de suite vu :

« Mais, tu ne bégayes plus ?! »

Il a fallu que je lui explique et que je lui montre que, par je ne sais quel miracle, quand je parle aux bébés, je ne suis plus handicapé. Et là, tu n'imagines pas : il s'est mis à faire la danse de la pluie dans son salon ; il sautait sur un pied en poussant des cris de joie pendant que son fils battait des mains en disant un truc du genre « enkopapa, enkopapa » !

— Laisse-moi deviner… C'est une langue étrangère, mais je ne reconnais pas… Attends, attends, ne dis rien…

Mais non, tas de pages inertes, c'est juste du bébé, il voulait juste dire « Encore papa, encore papa ». Mais comme il a deux ans, il n'est pas encore au top de l'articulation.

Quand il s'est un peu calmé, M. Setipsi m'a posé plein de questions ; j'ai dû lui raconter mon premier baby-sitting chez Rose et Éric, comment j'ai découvert ce « truc » et comment je me suis mis à garder des bébés dans tout l'immeuble.

« OK, OK, mais alors là, ça change tout ! Enfin, ça change tout et ça ne change rien ! On va faire comme on a dit, mais en plus grand, en pas pareil ! On va rajouter, le site internet, Facebook, YouTube et tout le bazar ! Tu ne te rends pas compte de la puissance de ton histoire ! Je croyais faire de toi le baby-sitter le plus célèbre du monde, mais je me trompais ! On va venir de la planète Mars pour demander tes services ! Prosper, tu as sonné à la bonne porte ! Ta vie va changer ! Ce n'est plus une petite guerre économique d'escalier que nous allons mener, mais une guerre mondiale ! Rentre chez toi, je te rappellerai assez vite pour régler les détails techniques et faire quelques enregistrements et des photos. Et ensuite, à nous l'univers ! »

Voilà journal, voilà comment ma vie va changer grâce à un python qui n'aime pas la solitude.

Alors journal, elle n'est pas belle la vie ?

Qu'en penses-tu ?

— …

C'est tout ? Je ne te trouve pas très bavard. Tu pourrais au moins te réjouir pour moi, tu pourrais me féliciter, tu pourrais dire « Youpi, chouette, super » !

— Tu vas en parler à tes parents ?

Hein ? Si je vais quoi ? Mais, de quoi veux-tu que je leur parle ? — Il n'y a rien de particulier à dire. Bien sûr, je vais leur expliquer que je vais faire un peu de pub pour mes baby-sittings, mais ce n'est pas la peine d'en faire tout un plat.

— Moi, je crois que tu devrais en discuter avec eux avant de faire tous les trucs, Internet, les vidéos, la pub. Ils devraient rencontrer ce M. Setipsi. Au moins… Pour le reste, si ça te permet d'être heureux, c'est sans doute une bonne chose. Voilà, c'est tout.

OK, t'as raison, je vais voir avec eux. Mais qu'est-ce que tu peux m'énerver quand tu me parles comme ça !

— Ha ? Désolé, je ne voulais pas, mais tu me demandes un conseil, je te le donne, c'est tout.

Oui, je sais ! Mais ce qui m'énerve, c'est que tu as raison, que tu le sais, que je sais que tu le sais, et que par-dessus tout, tu sais que je sais que tu sais, et ça, tu sais très bien que ça m'énerve !

Allez, bonne nuit, journal, il se fait tard et demain est un autre jour où commence une nouvelle vie ! Je crois que je vais faire de beaux rêves !

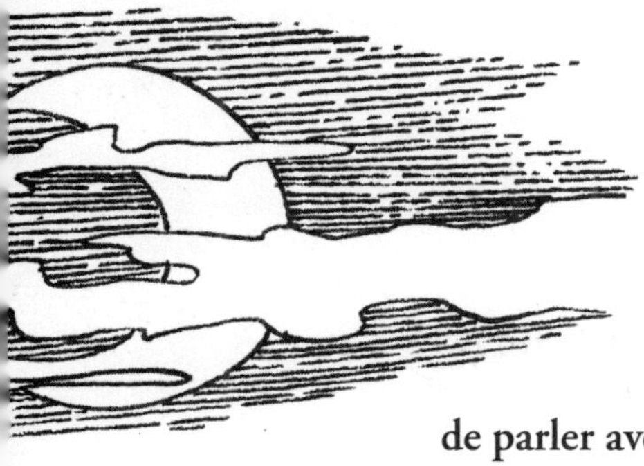

— C'est ça, fais de beaux rêves, mais n'oublie pas de parler avec tes parents dès ton réveil.

Au fait, journal, comment ça se passe avec l'encyclopédie ? C'est vrai ça, on parle toujours de moi, mais jamais de toi. Alors, vous deux, c'est toujours le grand amour ?

— Prosper, si jamais quelqu'un te demande des nouvelles de ma vie sentimentale, tu n'auras qu'à répondre que tu n'en sais rien. Ça te va comme réponse ?

Non, ça ne me va pas, mais puisque je n'ai pas le choix ! Tu ne m'empêcheras pas de penser que s'il n'y avait rien tu me le dirais donc si tu ne me le dis pas c'est qu'il y a quelque chose à dire ! Dans ton cas, ne rien dire c'est déjà trop parler.

— « Pour vivre heureux vivons cachés », dit le proverbe ! Bonne nuit !

C'est ça, je file me cacher sous la couette.

GRAP

Chapitre VII
GRAP is back

SAMEDI 17 MARS, PRESQUE DIMANCHE, SOLEIL COUCHÉ DEPUIS LONGTEMPS. MINUIT, SOUS LA COUETTE. JOURNÉE BIEN REMPLIE.

Journal, si tu savais ! Quelle journée, mais quelle journée !

— Mon cher Prosper, je suis tout ouïe ; je te prête, grandes ouvertes, les deux oreilles que je n'ai pas !

Tout a commencé ce matin.

— Si je me permettais, je dirais que le fait qu'une journée commence le matin n'est pas, en soi, très original. Mais je sais ce que tu vas me rétorquer…

Tais-toi ! Écoute !

Donc, ce matin, le réveil a sonné en retard ! J'ai sauté dans mes chaussures en oubliant mes chaussettes, j'ai enfilé un pull à l'envers, j'ai avalé mon chocolat de travers, une tartine, un grand verre de jus d'orange, et hop, j'ai filé.

Pas le temps de prendre l'ascenseur, de toute façon encore en panne, donc escalier, marches quatre à quatre, un étage, le suivant et là, le choc, brutal ! Crocfroc ! Cet animal idiot, ce gros truc ballot court sur pattes et bas du front venait à ma rencontre et nos deux trajectoires se sont croisées au maximum de nos vitesses respectives. Il doit y avoir une loi mathématique qui explique pourquoi quand tu es pressé, les choses ne se passent jamais comme tu le voudrais. J'ai laissé Crocfroc derrière moi, les quatre fers en l'air, la gueule grande ouverte, la langue pendante. J'ai filé, traversé le hall d'entrée et là, Mme Escalier… Serpillière, balais, aspirateur, elle avait en main tous les instruments de son pouvoir et à ses pieds, un seau d'eau dans lequel… j'ai plongé ! Mais j'étais en retard, rien ne pouvait m'arrêter ; j'ai filé, un seau en guise de soulier et l'Escalier qui me poursuivait vers l'école, au bout de la rue. Quand je suis arrivé devant la porte du collège, la sonnerie a retenti, je n'étais pas encore en retard. C'est aussi ce moment qu'a choisi l'Escalier, qui venait de me rattraper, pour me balayer le nez de sa serpillière et récupérer son seau avec un cri rageur.

Haaarrrrrrggggggg !

J'ai couru, encore, je suis arrivé en classe et là, quand j'allais m'asseoir, tous mes camarades ont éclaté de rire.

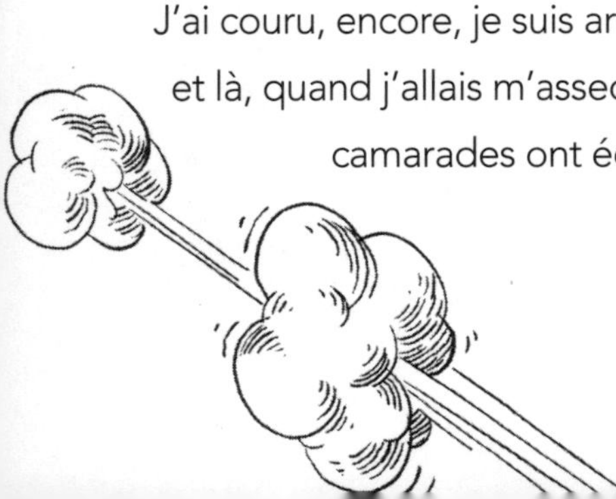

— Alors qu'il n'y a pas de quoi ! Franchement, je ne t'ai jamais vu, mais c'est quand tu parles que l'on s'amuse.

Journal ! Si tout le monde a ri, c'est parce que, accroché à mon sac de cours, il y avait les dents de Crocfroc, ou plus exactement, le piège à loups qui, depuis quelque temps, lui sert de dentier. Le samedi matin au collège ; c'est toujours particulier, l'ambiance est un peu différente. Alors plutôt que de me mettre à la porte, le professeur de français m'a demandé d'où venait cette « chose étrange » et m'a prié d'en expliquer le fonctionnement à toute la classe. Qu'est-ce que tu aurais fait, toi ?

– Je crois que j'aurais obéi…

C'est ce que j'ai fait. Je n'aurais pas dû ! En y réfléchissant bien, on ne devrait jamais obéir. J'ai posé le piège sur la table, ouvert. J'ai expliqué comment ça marchait, en montrant le mécanisme, qui a été un peu modifié pour s'adapter à la mâchoire de Crocfroc. Le prof a voulu faire le malin, il a mis le doigt là où il ne fallait pas…

Tchac Aïe Pin-pon, pin-pon !

Trois doigts cassés pour lui, trois heures de colle pour moi. Je suis rentré à la maison, sans le dentier du monstre.

Sur le pas de la porte, l'Escalier et Crocfroc m'attendaient, balais et gencives en avant ; il y avait de la bave et du règlement de comptes dans l'air. J'allais passer un sale quart d'heure !

— T'avais raison, chouette journée !

Attends un peu, ça ne fait que commencer ! Au moment où j'allais essayer de rentrer chez moi, et donc certainement finir au fond du gosier d'un chien idiot poussé par un balai furieux, une voiture s'est arrêtée devant l'immeuble, la vitre s'est baissée et une voix m'a dit :

« Prosper, on a besoin de toi ! »

C'était M. Alfred.

« Monte, a-t-il ajouté. Je t'expliquerai en route. » La grosse limousine noire s'est éloignée, laissant derrière elle les cris des deux monstres assoiffés de mon sang, plus terribles que des vampires.

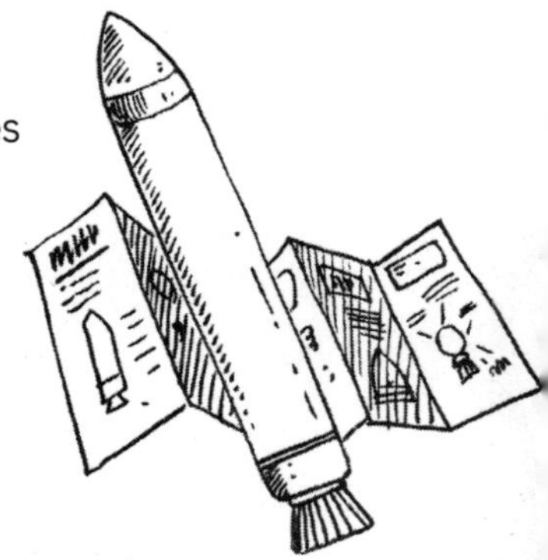

J'allais enfin sauver le monde, délivrer un président, trouver un code nucléaire, voler les plans secrets d'un missile, ou éliminer quelques espions dangereux ; j'allais enfin faire mon métier : être James Bond !

« Bon, voilà le projet. J'ai prévenu tes parents, ils sont d'accord, me dit M. Alfred. Tu vas garder le fils d'une amie du GRAP. Une personne très importante dont le fiston est, comment dire… spécial ! Voilà, c'est ça, il est spécial… Il faut donc un baby-sitter de qualité, du coup, j'ai pensé à toi. »

Nous arrivons. Premier étage, un appartement de folie, grand et décoré comme ils le sont dans les films, une maman qui m'accueille :

« Louis est très gentil, mais il est un peu turbulent. Surtout, ne vous laissez pas déborder ! Il a déjà déjeuné. Si vous avez faim, servez-vous dans le

frigo. Son goûter est prêt, je serai de retour à 21 heures, je dînerai avec lui. »

Et hop, elle disparaît, presque en courant, m'abandonnant seul dans l'entrée.

— Fais gaffe, si ça se trouve c'est encore un test du GRAP ! Pas de Louis, mais des faux espions qui vont débouler et se jeter sur toi.

C'est aussi ce que j'ai pensé, et puis j'ai senti un truc me frapper par-derrière, me soulever dans les airs et m'envoyer à l'autre bout de la pièce où j'ai atterri sur le crâne, mais heureusement sur un tapis ultra-moelleux. C'était reparti : les méchants sont-ils vrais ou faux ? Entraînement ou mission réelle ? Je suis de nouveau sur mes pieds, prêt à tout ! C'est là que je le vois… Terrible, juste en face de moi, ses petits yeux cruels plantés dans les miens !

TU VAS JOUER AVEC MOI PARCE QUE JE LE VEUX !

**C'est moi qui décide et que,
même que d'abord,
je suis le chef,
c'est maman qui l'a dit !**

Je n'ai même pas le temps de répondre, il me fonce dessus avec son tricycle, me refait tomber avant de me ficeler comme un saucisson. Alors commence une longue série de jeux… Enfin, lui a l'air de prendre ça pour des jeux et de bien s'amuser. Moi, j'aime moins.

Le cow-boy et l'Indien, la saucisse au barbecue, la torture du Moyen Âge, le sandwich d'Alien…

Et encore plein d'autres jeux que je préfère oublier… Ça a été un long, très long après-midi…

Vers 21 heures, la maman rentre, juste après que le petit monstre m'a délivré et rendu un peu plus présentable, avec un seau et une éponge… J'adore.

« Ça s'est bien passé ? » me demande la mère, faisant semblant de ne pas voir que son appartement est transformé en scène de guerre.

« Super, dit Louis, c'était super ! Celui-là, il est parfait. Dis, maman, il peut revenir samedi prochain ?

— On verra, dit la maman en me mettant dehors avec un gros billet dans la main. On vous attend en bas. Merci, jeune homme. »

— Mais qui sont ces fous ?

C'est exactement la question que je pose à M. Alfred une fois dans sa voiture. Enfin, en plus long… Je te passe la version bégaiement.

— Et alors ?

Alors pas de réponse ; il me tend juste un autre billet, encore plus gros, et me dit : « Top secret. » Il me demande aussi si je veux y retourner…

— Et alors ?

Journal, t'es dingue ! Je m'en suis tiré la première fois, mais faut pas jouer avec le feu. À côté de ce gamin, Gengis Khan c'était un papa licorne arc-en-ciel, le roi des Bisounours. Plus jamais ça, tu m'entends ? Plus **jamais** ça !

— Et il ne t'a pas dit qui c'était ?

Non, rien ! Ce que je sais, c'est que je ne suis pas le premier ni le dernier. Car M. Alfred téléphone devant moi, et il dit :

« Il ne reviendra pas ! Il va falloir trouver une solution, Madeleine, ce n'est plus possible ! »

Il raccroche.

« Tu sais, Prosper, me dit-il ensuite, cette mission était extrêmement importante pour moi. J'ai conscience qu'elle était difficile et je te remercie de l'avoir acceptée. La prochaine fois… »

Là, d'un geste, je ne le laisse pas finir. Il n'y aura pas de prochaine fois.

Le reste du trajet se fait dans un silence glacé. D'autant plus glacé que je suis encore tout mouillé à cause du seau d'eau de Louis. Petit à petit, une mare se forme sous mes pieds et je sens bien que M. Alfred n'aime pas du tout ça. Il est un peu maniaque avec sa voiture, M. Alfred, et là, je suis en train de la lui ruiner complètement, et je n'en suis pas mécontent…

Ensuite, M. Alfred me dépose devant l'immeuble, je rentre, l'ascenseur est en panne, comme d'hab, je monte à pied, comme d'hab, la minuterie s'arrête et un truc mouillé et gluant me tombe sur la figure…

Alors là, pas du tout comme d'hab !

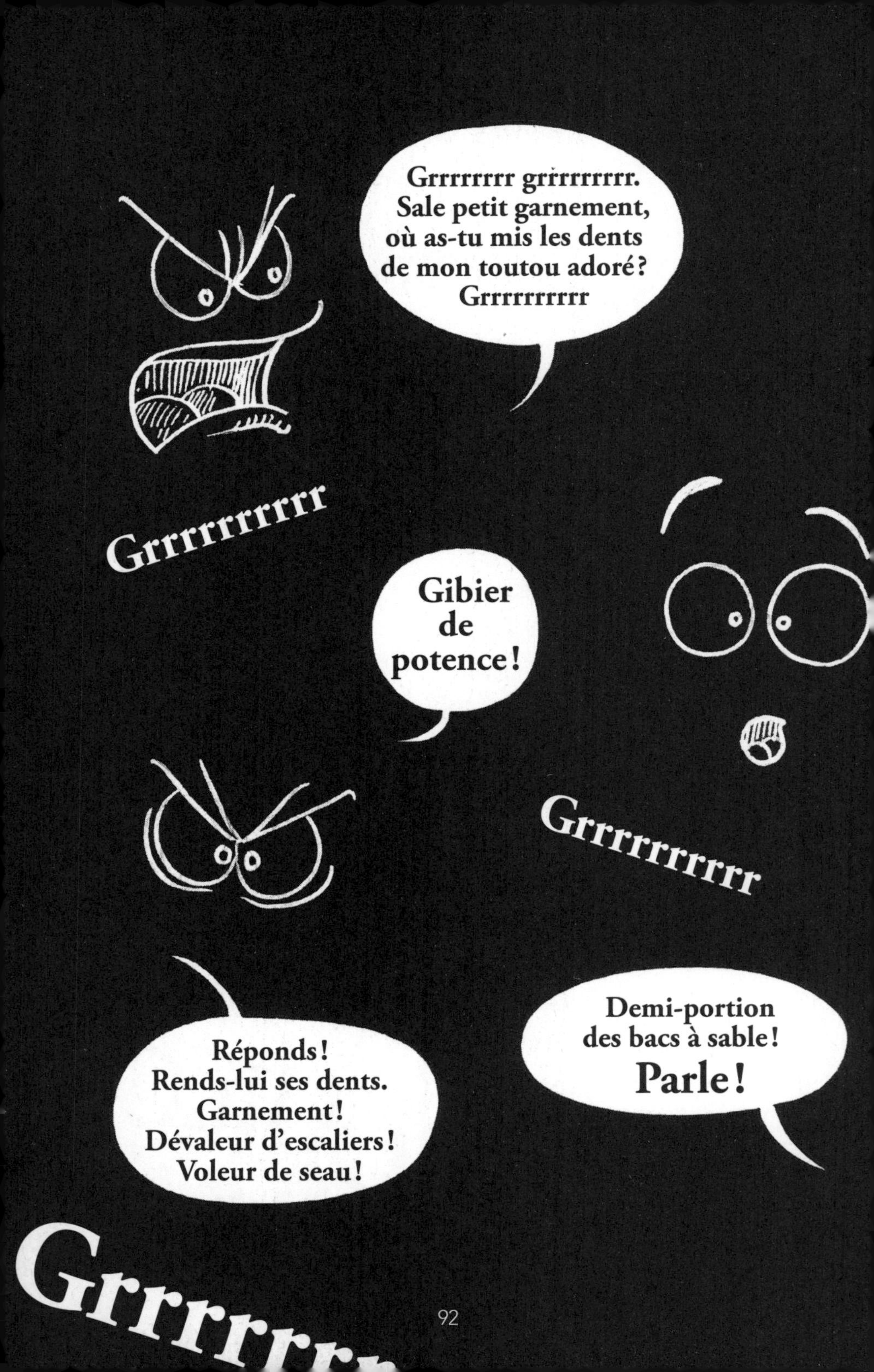

Grrrrrrrr grrrrrrrr. Sale petit garnement, où as-tu mis les dents de mon toutou adoré ? Grrrrrrrrr
Grrrrrrrrr
Gibier de potence !
Grrrrrrrrr
Réponds ! Rends-lui ses dents. Garnement ! Dévaleur d'escaliers ! Voleur de seau !
Demi-portion des bacs à sable ! Parle !

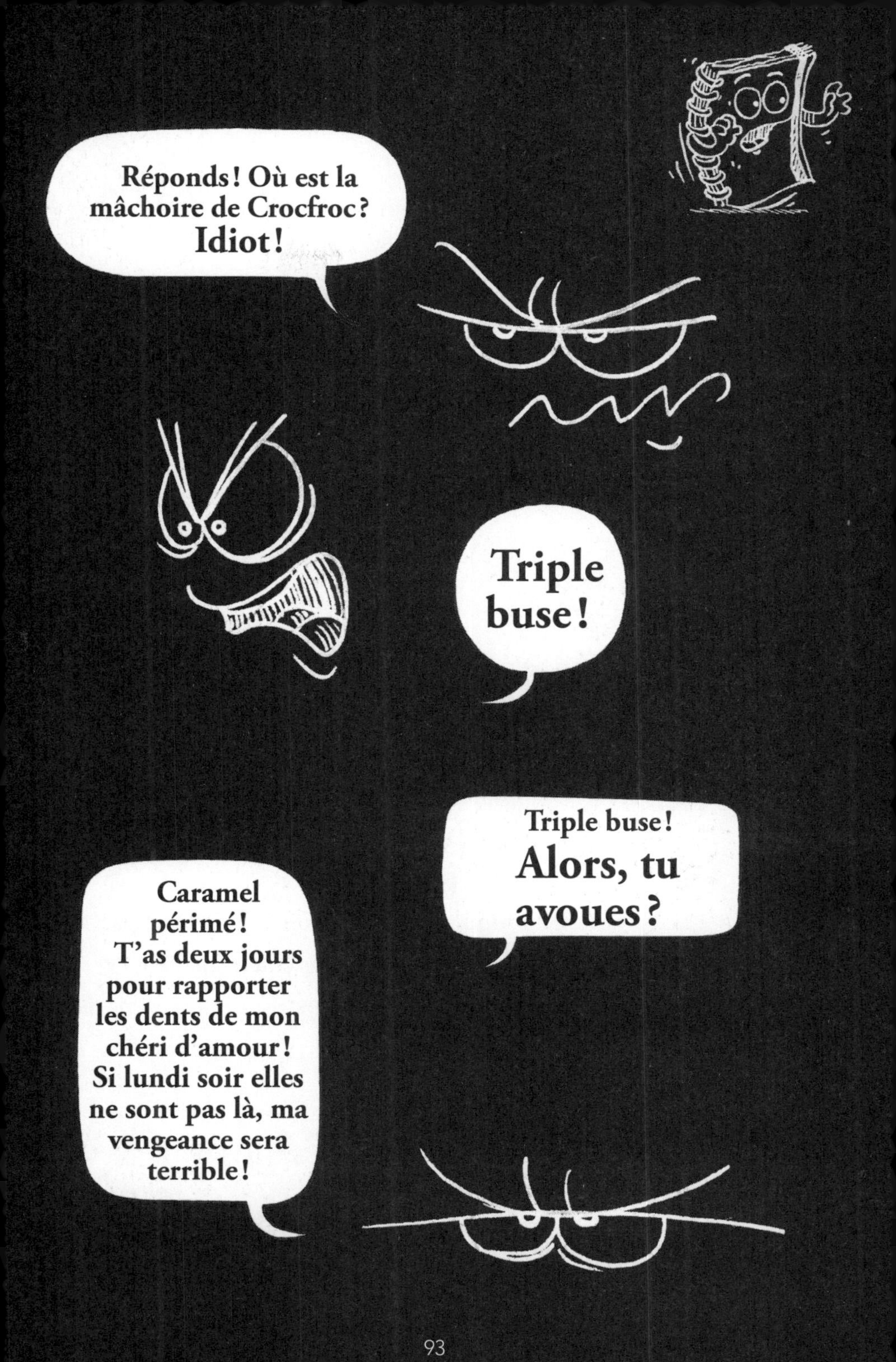
Réponds ! Où est la mâchoire de Crocfroc ? Idiot !
Triple buse !
Triple buse ! Alors, tu avoues ?
Caramel périmé ! T'as deux jours pour rapporter les dents de mon chéri d'amour ! Si lundi soir elles ne sont pas là, ma vengeance sera terrible !

Puis la lumière se rallume, je remonte en courant, j'ouvre la porte de l'appartement et voilà... Je suis là. Journal, c'est la pire journée de toute ma vie. J'ai cru mourir, et pas à cause d'espions ou de tueurs à gages, non, à cause d'un truc qui doit avoir six ou huit ans, puis à cause d'un chien édenté et d'une furieuse, armée d'un balai. Journal, je ne crois pas que le métier d'espion soit pour moi. Je crois qu'il faut que je renonce. En tout cas, si c'est ça les missions du GRAP, c'est fini pour moi !

— Eh, Prosper, calme-toi ! Ce n'est pas la fin du monde. T'as dîné ?

Oui.

— T'as pris un bain ?

Oui.

— T'es vivant ?

Oui.

— Bon, ben tu vois, ça ne va pas si mal. Il te reste juste un petit problème : récupérer lundi les dents du toutou pour ne pas finir en hachis mixé pour chien édenté.

Merci journal, t'es super-fort pour remonter le moral. Comment vais-je reprendre ce truc, moi ?

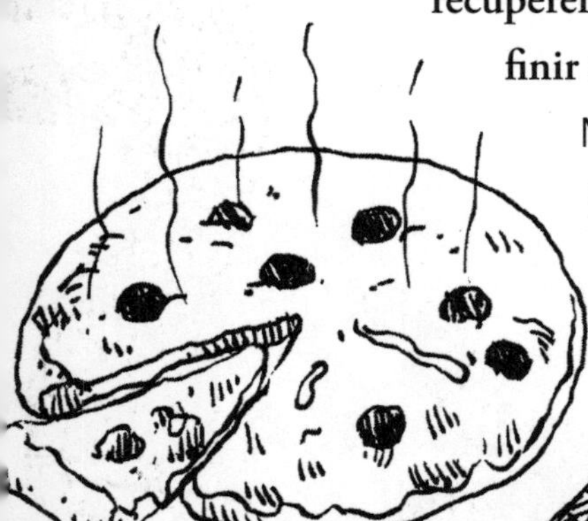

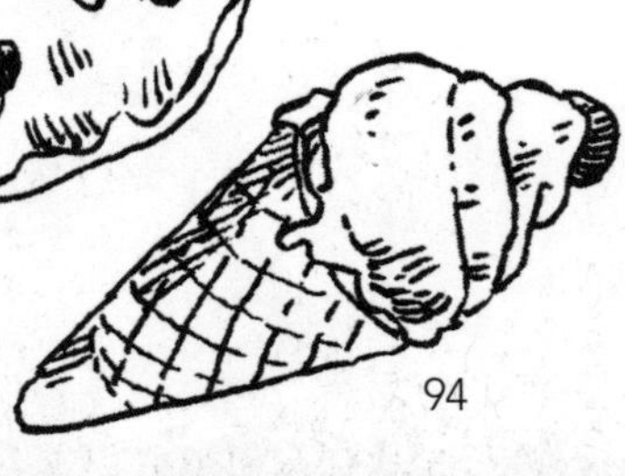

— Je ne sais pas encore, nous avons la journée de demain pour y réfléchir.

À l'heure qu'il est, il doit trôner dans le bureau du proviseur, ou pire, dans celui du commissaire de police le plus

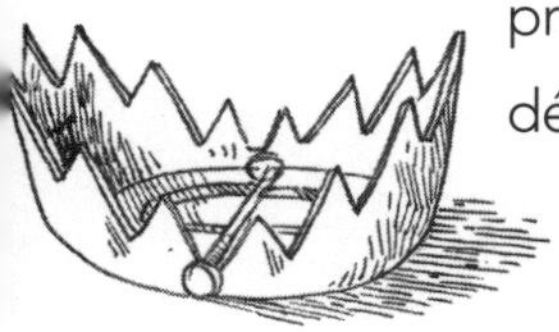

proche. Peut-être même que des gendarmes sont déjà en route pour m'arrêter, que je vais passer la nuit au cachot et finir ma vie sur une île déserte au milieu du Pacifique pour avoir

apporté à l'école un objet dangereux… Mais, monsieur le juge, je n'ai même pas fait exprès ! S'il vous plaît, relâchez-moi !

— Oh, c'est pas bientôt fini ce cirque ?

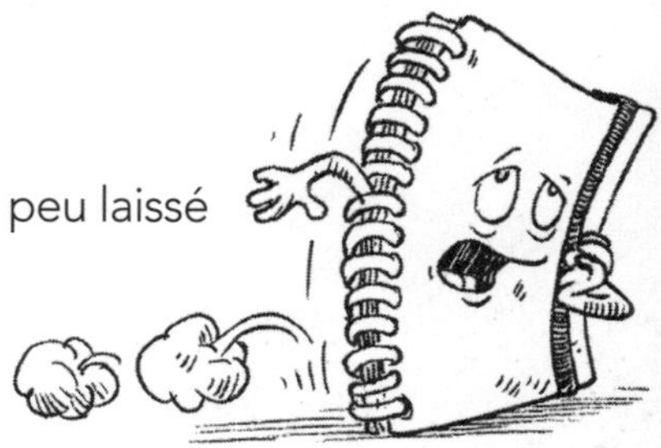

Oui, pardon… je crois que je me suis un peu laissé aller… Je dois avoir besoin de sommeil.

— Allez, bonne nuit l'artiste !

Je vais faire des cauchemars, c'est sûr…

— Alors fais-les en silence, je déteste être réveillé par des cris la nuit !

Journal, on peut dire que tu es un ami, un vrai !

Chapitre VIII

Mes nuits sont pires que mes jours !

DIMANCHE 18 MARS, 4 H, PRESQUE MORT, ÉPUISÉ. PENSER À REGARDER SOUS LE LIT CE SOIR AVANT DE SE COUCHER.

Journal, t'es là ?

— Je t'ai déjà dit que cette question était débile et que je n'y répondrais plus ! Donc, oui… Je suis là. Si je le pouvais, je te promets que là, je soupirerais de lassitude.

Journal… Est-ce que les monstres existent ?

— …

Journal, je viens de faire des rêves atroces, tes pires cauchemars à côté, c'est rien…

— Prosper, je ne rêve pas, je ne cauchemarde pas, je ne suis pas à proprement parler vivant. Je n'ai pas de pire cauchemar.

Et si je t'écris dessus avec un vieux stylo qui gratte et fait des tas de taches d'encre ?

— OK, là du coup, j'ai une idée de ta nuit. Tu veux raconter ?

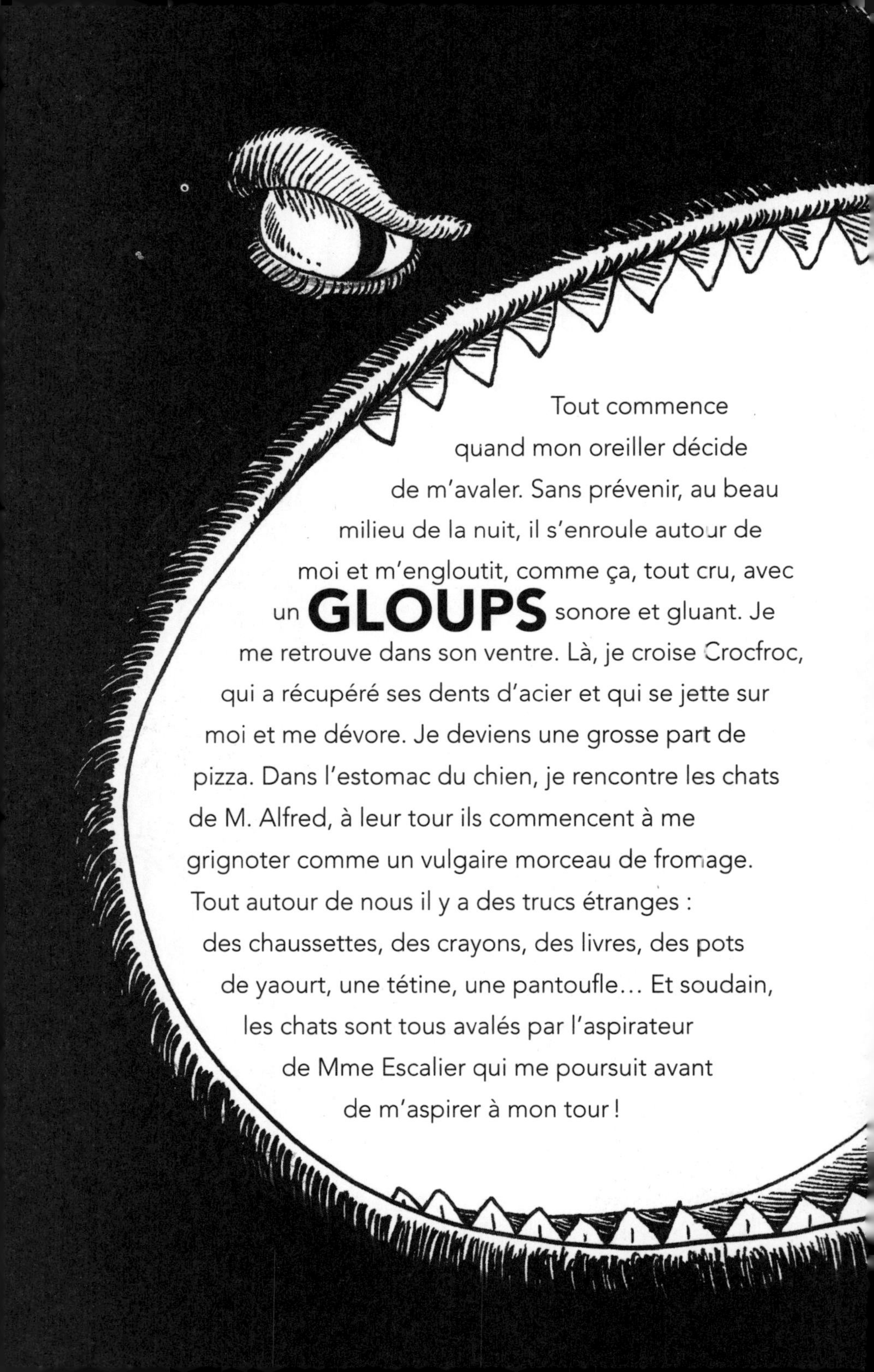

Tout commence quand mon oreiller décide de m'avaler. Sans prévenir, au beau milieu de la nuit, il s'enroule autour de moi et m'engloutit, comme ça, tout cru, avec un **GLOUPS** sonore et gluant. Je me retrouve dans son ventre. Là, je croise Crocfroc, qui a récupéré ses dents d'acier et qui se jette sur moi et me dévore. Je deviens une grosse part de pizza. Dans l'estomac du chien, je rencontre les chats de M. Alfred, à leur tour ils commencent à me grignoter comme un vulgaire morceau de fromage. Tout autour de nous il y a des trucs étranges : des chaussettes, des crayons, des livres, des pots de yaourt, une tétine, une pantoufle… Et soudain, les chats sont tous avalés par l'aspirateur de Mme Escalier qui me poursuit avant de m'aspirer à mon tour !

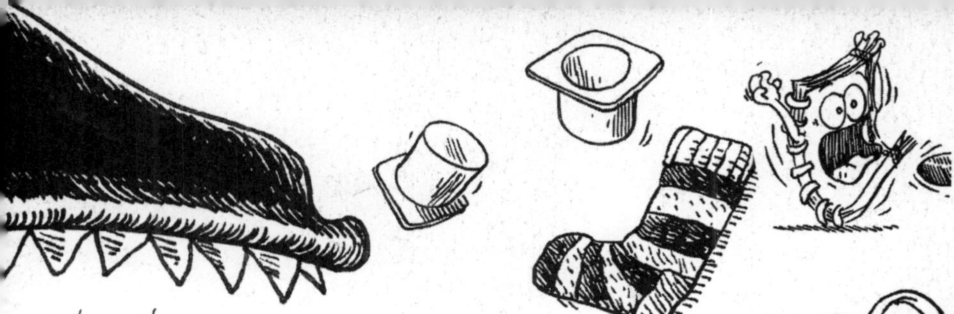

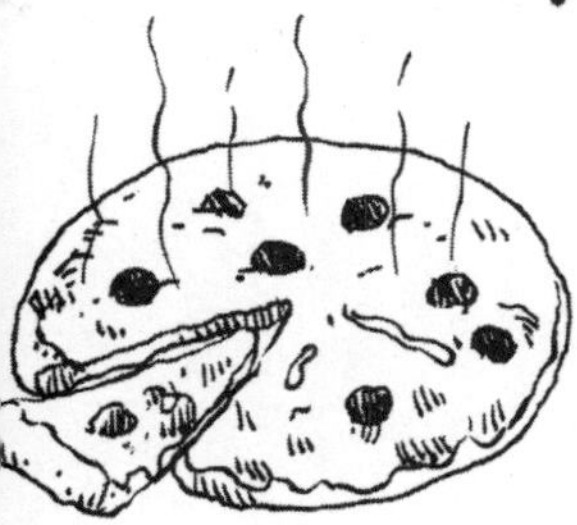

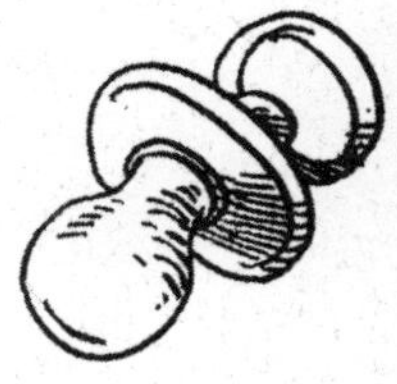

Là, j'atterris dans une sorte de tribunal où Zoé m'attend ; elle a changé, elle est immense, énorme, avec une tête de pieuvre, et elle me crie des trucs terribles… Puis elle abat son marteau sur ma tête et je disparais dans un grand tourbillon. Là, je me retrouve coincé entre les dents de Crocfroc sur le bureau du prof de français… Encore deux secondes et ma tête va être coupée par les dents d'acier… Il y a un grand **tchac** ! Et je me réveille…

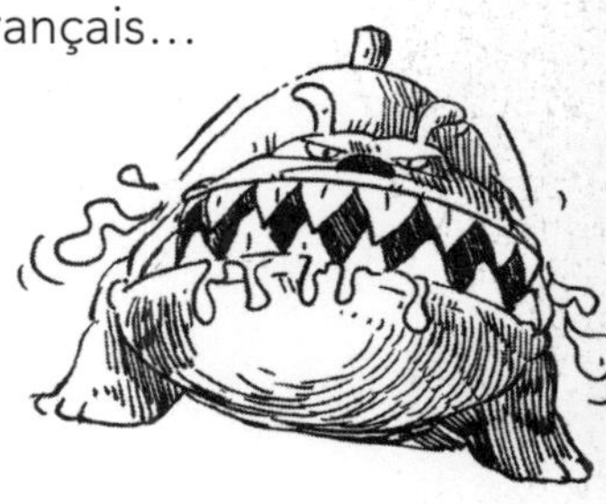

Journal, est-ce que je suis mort ?

— Prosper, tu es en train d'écrire ?

Oui.

— Alors tu n'es pas mort.

Ouf, c'est quand même plutôt une bonne nouvelle !

— De ne pas être mort ?

Oui.

— Prosper, quelle heure est-il ?

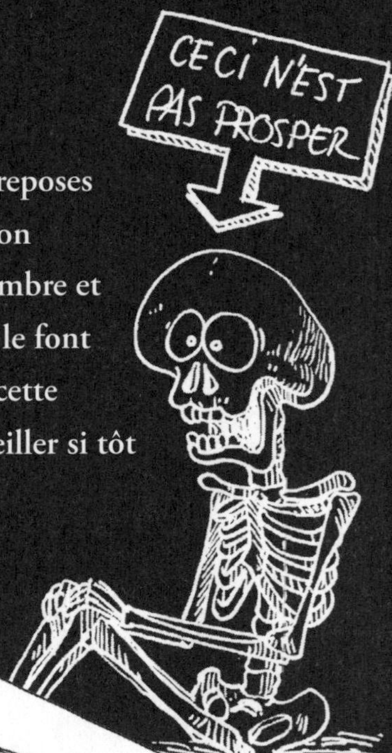

4 heures, pourquoi ?

— Parce que nous sommes dimanche, que normalement ce jour-là tu dors tard et tu te reposes alors, tu vas me faire le plaisir de reprendre ton oreiller que tu as jeté à l'autre bout de ta chambre et tu vas dormir ! Dormir, dormir, comme le font les gens bien élevés le dimanche à cette heure-là ! Et évite de me réveiller si tôt les jours où il n'y a pas école !

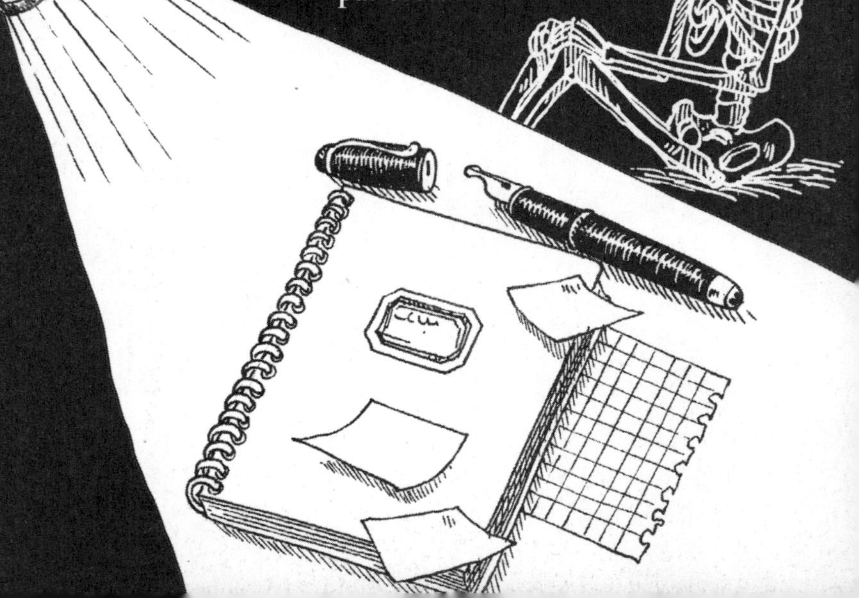

Mais, journal, tu ne dors pas, c'est toi qui me l'as dit, et en plus tu ne vas pas en classe…

— Et alors ? Toi tu n'es pas une part de pizza, pas plus qu'un morceau de fromage ; tu es trop grand pour être aspiré, pour entrer dans l'estomac de Crocfroc ; tu sais très bien que les oreillers n'ont jamais mangé personne, et pourtant tu viens bien m'embêter avec ça ?

OK, un point pour toi… Je me recouche et on en reparle plus tard. Allez, bonne fin de nuit, journal !

— C'est ça. Pendant que tu ronfles encore quelques heures, parce que tu ronfles, mon cochon, dépose-moi à côté d'un bon roman, qu'il me raconte sa vie. Celui du magicien qui vole sur un balai, par exemple, ça a l'air pas mal.

T'as raison, c'est même drôlement bien. Mais fais gaffe, tu peux avoir peur ! Bonne presque nuit.

MARS

Chapitre IX
Escalier vers l'enfer !

Dimanche 18 mars, 21 h. Une faim de loup, soupe au dîner pas bon ! Pas envie d'aller en classe demain. Penser au piège de Crocfroc.

— Alors, cette journée ?

Dis donc, journal, c'est toi qui parles en premier maintenant ?

— Je m'enquiers de ta santé, je m'inquiète de ton état, je me renseigne au cas où un édredon se serait jeté sur toi, une paire de rideaux aurait décidé de t'engloutir, un torchon de cuisine de te faire rôtir. J'essaie de me montrer poli et prévenant, tête d'enclume !

Excuse-moi, mais si la nuit a mal commencé, la journée n'a guère mieux continué. Je crois que mon rêve était prémonitoire !

— Prémo quoi ?

« Nitoire », prémonitoire : il annonçait le futur ! J'ai rêvé cette nuit de ce qui m'est arrivé aujourd'hui.

— Donc tu t'es vraiment fait manger par un oreiller ! Mais ce monde devient très dangereux. Je vais demander un transfert à la Nasa et aller me faire écrire sur Mars moi, ça sera moins risqué.

Journal ! Ai-je la tête d'un type qui vient de se faire recracher par un oreiller ?

— Non… Mais l'écriture, un peu... Je trouve que tu trembles.

Laisse-moi te raconter. Dimanche, réveillé presque frais à une heure normale, je sors de ma chambre, odeur de viennoiserie, je croise ma sœur, qui pour une fois est aimable ; je commence à croire que la vie est belle et qu'elle vaut la peine d'être vécue. Petit-déjeuner, beurre salé, confiture, croissant, chocolat, le paradis doit ressembler à ça.

« Il y a un mot pour toi, me dit maman, il a été glissé sous la porte. »

Elle me tend une petite enveloppe. C'est M. Alfred. « Passe quand tu veux dans la journée. »

Je m'habille et j'y vais. J'aime bien le dimanche matin car tout est calme, un peu comme si la vie s'était arrêtée, comme les jours où il a neigé, quand même le bruit semble être en coton. M. Alfred me reçoit dans son salon, au milieu de ses chats.

1, 2, 3, 4… 18, 19 et… non ! Il y en a un qui a bougé, il faut tout recommencer. Pas facile d'être sûr que les vingt-quatre sont là. Surtout quand on en a un sur les épaules, un sur la tête, deux sur les genoux, un qui s'attaque à votre chaussure droite tandis que deux sont déjà en train de vous grignoter la chaussette gauche, et que trois ou quatre essayent de dormir dans vos bras.

« Prosper, il faut que l'on reparle d'hier… Je suis désolé ! Je ne pensais pas que ça se passerait aussi mal. Mais tu sais, le petit Louis n'est pas vraiment méchant, il est… Bon d'accord, il est méchant… Même très méchant… Mais je croyais que, vu ton entraînement au GRAP… »

M. Alfred est manifestement très embêté. Il se triture un peu les doigts avant de reprendre : « D'ailleurs, pour le GRAP, peut-être qu'il serait plus raisonnable d'attendre, d'avoir grandi… je… » Et là, miracle, la sonnette de la porte retentit.

« Je vais ouvrir, dit M. Alfred, visiblement soulagé. Nous reprendrons cette discussion plus tard. »

— Il a une curieuse idée de la conversation, il parle tout seul !

En même temps, journal, je ne suis pas le gus de rêve pour bavarder. C'est à ce moment-là qu'il y a eu un cri :

« Russia, reviens ! Non, pas dans l'escalier ! »

Un des chats vient de s'échapper.

Et alors, sais-tu ce que je fais ?

— Non. Tu te lèves et tu cours pour aller rattraper le chat et aider M. Alfred ? C'est ça ?

Oui !

— C'est bien !

Journal, je n'aurais jamais dû me lever, j'aurais dû rester couché, j'aurais dû me casser une patte, un bras, mais surtout, je n'aurais pas dû aller chercher ce chat !

— Tu as raison : être aimable, bien élevé, serviable, gentil, c'est nul ! Dis donc, Prosper, tu joues à quoi là ?

Attends, écoute la suite.

Je me lève donc, je cours vers l'escalier pour y attraper le chat ! En passant la porte, un autre chat, Octopus, je crois, file entre mes jambes, je glisse, me voilà à plat ventre sur les marches. M. Alfred ferme la porte pour empêcher les autres d'en profiter et s'immobilise sur le seuil. À ce moment-là, Crocfroc arrive, gueule béante en avant, bave un peu partout et fureur dans les yeux. Les deux chats commencent à grimper vers le haut, suivis du monstre qui, telle une locomotive folle, file vers ce qu'il croit être son prochain repas ! Chat pommes vapeur, croque-chat au sel, chat pot-au-feu, chat de sept heures aux fines herbes… Dans le cerveau fou de ce chien furieux, les images de plats de chats se succèdent, et si je ne rattrape pas les chats avant lui, ils sont cuits.

Quatre à quatre, je remonte les escaliers derrière Crocfroc, qui grogne comme devaient le faire les diplodocus asthmatiques, je double le chien, en lui marchant un peu dessus au passage,

je continue à progresser comme un chamois sur les sommets des Alpes ; je suis léger, aérien, je vole, je bondis, je vois déjà devant moi les deux chats, je vais les attraper, les sauver, je suis un héros. Et voilà, c'est fait, je les prends, chacun sous un bras, il ne me reste plus qu'à redescendre jusqu'au premier étage.

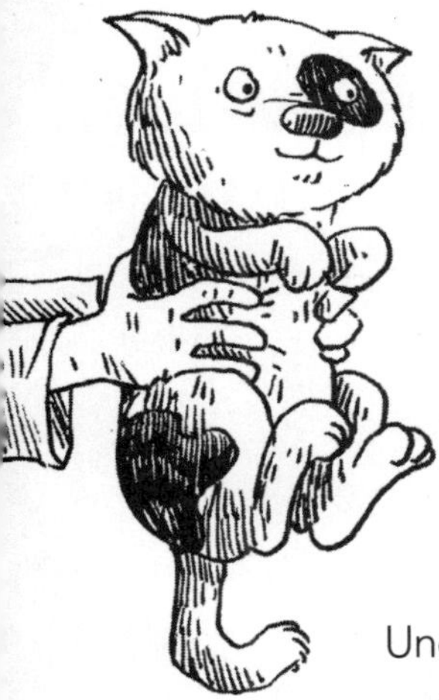

— Super, donc tu me fais tout un cirque pour me dire que tu as monté en courant les quatre étages de l'immeuble ?

Oui !

— Prosper, tu me désespères…

Écoute la suite, impatient carnet, journal trop pressé, c'est la suite qui est intéressante.

Tu es prêt ?

— Pour quoi ?

Une descente aux enfers !

— OK ! J'attends…

Donc, je suis sur le palier du dernier étage, un chat dans chaque main, un chien qui me saute dessus pour les manger, je vais mettre le pied sur la première marche quand…

Qu'est-ce qui se passe ici ?
Qu'est-ce qui fait tout
ce bruit ?

Une porte s'ouvre, celle des Foux, je suis juste devant, elle me fracasse le nez, je perds l'équilibre et je bascule !

Dans l'escalier entre le cinquième et le quatrième, je croise Mme Escalier… qui s'envole avec nous et part dans une magnifique roulade. Par deux fois, son chignon lui sauve la vie et lui sert d'air-bag, les autres fois, c'est son chien qui remplit cet office.

Derrière nous, M. Foux, inquiet, se lance à notre poursuite et bute sur une de mes chaussures perdue dans la chute. Il se mélange les pédales, s'envole et vient rejoindre le groupe que nous formons déjà.

Dans le hall de l'immeuble, terminus, tout le monde descend. Quand tout est immobile, chacun essaie de retrouver ses bras, ses jambes, chacun vérifie qu'il a bien ses deux oreilles, que son nez est toujours là et tente péniblement de se remettre debout…

Bilan des opérations : personne n'est blessé, c'est un miracle, tout le monde me déteste, c'était prévisible, car tous croient que c'est de ma faute.

Au quatrième, Rose, attirée par le bruit, sort de chez elle. Elle n'a que le temps de se plaquer contre le mur pour éviter la boule compacte qui descend l'escalier comme un obus.

Au troisième, Zoé, qui revient de chez le boulanger, lâche sa baguette qui, comme par miracle, arrive dans le gosier de Crocfroc qui n'en fait qu'une bouchée. Il agrippe Zoé au passage pour lui voler aussi les pains au chocolat qui sont dans un sac.

Au deuxième, les trois sœurs sont là, elles rentrent du marché chargées de fruits et de légumes et font bientôt partie de notre avalanche de bras, de jambes et de têtes mélangés. Maintenant, en plus, il y a des pommes, des poires, quelques pommes de terre et, tiens, c'est une banane qui vient de me rentrer dans l'oreille.

En passant sur le palier du premier, j'ai juste le temps de jeter à M. Alfred ses deux chats, il les attrape en nous regardant disparaître dans le dernier tournant qui mène au rez-de-chaussée.

Lui confier mes enfants ? **Jamais !**
Appelez la police ! Au secours !
C'est un scandale, ce petit est un danger public !
Plus jamais le petit Prosper ne viendra à la maison !
C'est chez les fous que cet enfant devrait vivre !
Viens, mon bébé, maman va te soigner les papattes ! Le méchant garçon ne fera plus de mal à mon gros Crocfroc ! Et il a intérêt à nous rendre nos dents, sinon police !
Tout va bien, tout va bien, ne vous inquiétez pas, les chats vont bien !

Zoé ?
Tu n'as rien ?
Mais tu sais bien
qu'elle ne t'entend pas !
Oups ! pardon,
j'avais oublié…
Il y a une dent
au troisième étage.
Elle est à quelqu'un ?
J'échange une chaussette
verte contre une violette !
Vlan !
Il paraît que c'est la faute
du petit du deuxième !
On ne devrait jamais
laisser un enfant qui parle
aussi mal s'occuper
des bébés !
Je vous avais prévenus !

Voilà où j'en suis, carnet… J'ai tout perdu. Zoé, les baby-sittings, les bons moments chez les Foux avec le bébé, les soirées à rire avec Éric et les histoires que je lui racontais ; tout le monde va me détester dans l'immeuble. Sans compter ma sœur qui se moque déjà assez de moi et les parents qui vont faire une drôle de tête quand les voisins vont leur raconter…

Journal…

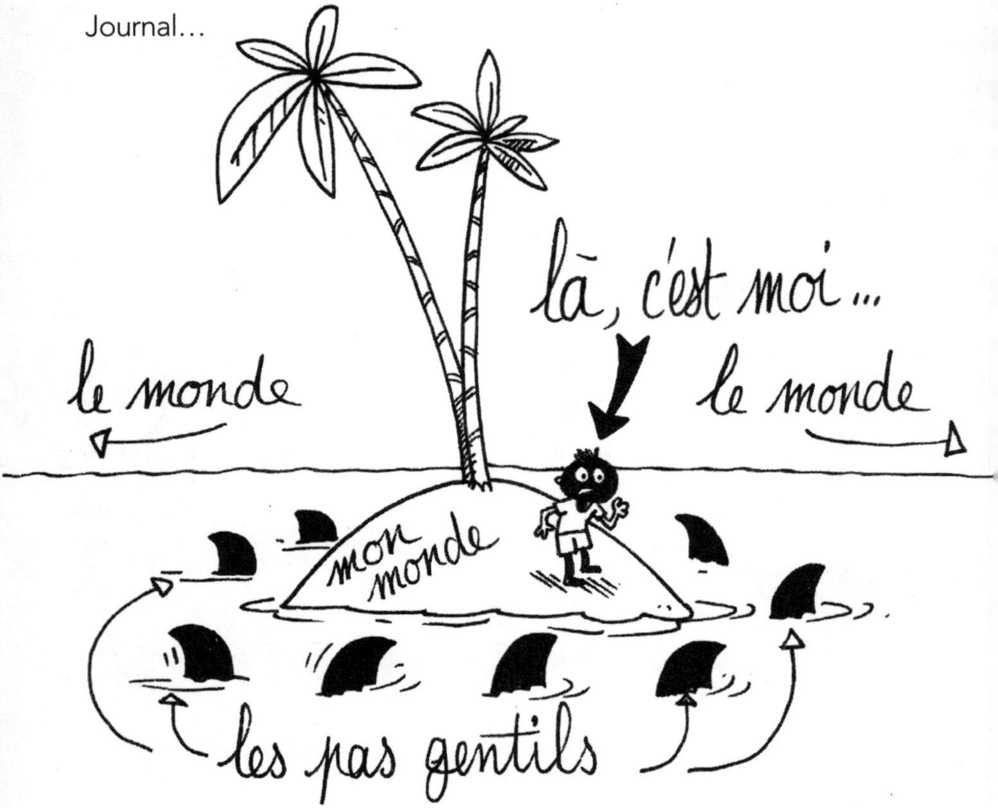

Je suis seul au monde…

— C'est sympa pour moi…

Je suis l'être le plus malheureux du monde.

KLONG...

Journal ! La vie est formidable ! J'ai mal partout, j'ai un œil au beurre noir, plus un seul ami, j'ai failli mourir, je dois récupérer un piège à loups chez le proviseur, mais j'ai trop hâte d'être demain ! Journal, je suis le garçon le plus heureux de l'univers !

À demain, je me couche.

— Tu sais, il y a des jours où j'ai du mal à te suivre. Au fait, tu as parlé à tes parents ?

Rooooor oororororrr roooorroooon nnnnnnn...

Moi
PB
PROSPER
I
II
III

Chapitre X
Post-it-Boy

Lundi 19 mars, 22 h. Sous la couette. Pluie le matin, grand beau en fin d'après-midi. Je suis le roi du monde !

Journal ? Tu connais Neil Armstrong ?

— Non ? Je devrais ?

C'est moi ! Tu connais Christophe Colomb ?

— Ça me dit quelque chose… Une histoire de bateau ?

C'est moi aussi ! Et James Bond ? Tu connais James Bond ?

— Celui-là, oui, tu m'en as déjà parlé. Espion, sauveur du monde, increvable, immortel, super-fort, hyper-intelligent, brillant !

C'est moi ! C'est tout moi ! Ce soir, je suis tout ça !

— Dis donc, Prosper, t'es sûr que tu vas bien ? T'es pas en train de nous faire une petite melonite ?

Une quoi ?

— Une melonite ! Tu sais, quand on a le melon, la tête qui enfle, et qu'on commence à se croire plus tout que tous les autres !

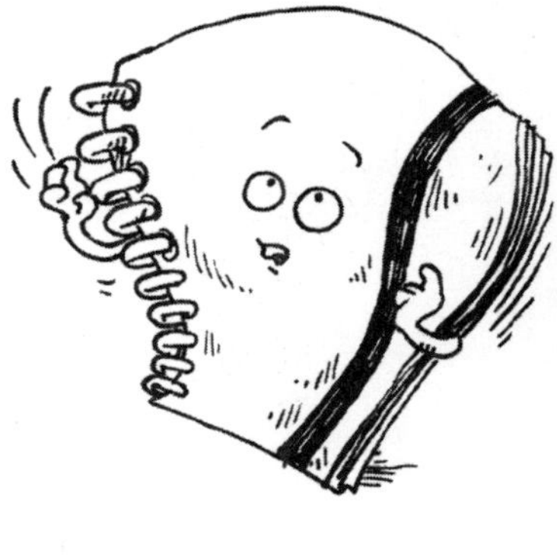

Tais-toi, tas de papier, écoute un peu !

Ce matin, quand le réveil a sonné, j'ai cru que j'étais mort, mais non, j'avais juste mal partout. Normal après la chute d'hier… Mais rien ne pouvait m'arrêter, je ne pensais qu'à une chose, le rendez-vous de ce soir avec Setipsi ! Tu te rends compte, journal, ce matin encore inconnu, ce soir roi du monde ! Il y a peu d'hommes qui peuvent se vanter de vivre de telles journées ! Journal, tu n'es pas écrit par n'importe qui !

— Je sais surtout que tu es à la limite du pétage de plomb… Prosper, crois-moi, il faut que tu parles à tes parents et que tu reposes les pieds par terre… Je n'aime pas du tout ce que tu es en train de faire.

Tais-toi, journal ! Écoute et puis râle si tu le veux, mais après avoir tout entendu.

— Comme si j'avais le choix ! Tu sais très bien que je ne peux pas t'empêcher d'écrire, je suis ton otage. Si j'avais des petits bras, je me boucherais les oreilles, mais je n'ai pas de bras !

Et pas d'oreilles, surtout ! Donc, ce matin, je suis allé à l'école avec la mission délicate de récupérer les dents de Crocfroc.

Mais, carnet, tu ne peux pas faire tout ça !

Comme c'était à prévoir, pas de piège dans notre classe, il doit être dans le bureau du proviseur. Et le bureau du proviseur, c'est un peu comme le donjon d'un château fort, c'est comme un radeau avec tous les requins et les alligators du monde autour, c'est comme un endroit dont tu as entendu parler, mais que tu n'as jamais vu et où tu rêves de ne jamais te retrouver. Alors comment faire ? La journée est presque finie quand mon prof d'anglais me dit que je suis attendu par le proviseur dans son bureau. Voilà, je sais maintenant comment je vais y aller : normalement, et comment je vais en sortir : puni ! Aux trois heures de colle de samedi vont sans doute s'ajouter dix ans d'exil sur la banquise à trier les œufs de pingouins. Le proviseur m'attend, derrière son bureau, froid, droit. J'arrive, tremblant, grelottant. « C'est à vous, ça ? » dit-il en montrant le piège. « Oui, mais en fait pas vraiment, c'est le dentier du chien de ma gardienne et c'est... » Mais il ne me laisse pas le temps de finir : « Faites-moi grâce de vos explications fantaisistes, reprenez cet engin et passez-moi votre carnet de correspondance. » Voilà, je rentre chez moi avec un mot à faire signer, un piège dans mon cartable et surtout, vivant !

— Et tu montres le mot à tes parents ?

Et je vais direct voir Setipsi ! Il commence par me présenter tous les produits dérivés qu'il a imaginés pendant le week-end, pin's et autres gadgets. Puis un projet de site Internet ! Un site rien que pour moi où les gens pourront prendre rendez-vous pour que je vienne garder leurs enfants.

« Voilà, désormais tu n'es plus Prosper, trop vieux, trop triste, trop ringard, te voilà "Post-it-Boy" ; c'est moderne, c'est percutant, c'est génial, c'est tout moi ! Ne me dis pas encore merci, tu vas voir que des idées aussi brillantes, j'en ai des milliers ! »

Tu te rends compte journal ? Post-it-Boy ! Avant moi il y a eu Batman, Superman, Spiderman et tous les autres stars de cartoons, maintenant il y a moi ! Moi, un vrai héros, un super-baby-sitter, le roi des enfants, celui qui fait les biberons plus vite que son ombre, qui fait dormir les bébés en racontant les plus belles histoires du monde, celui qui a tout appris de ses grands maîtres indiens auprès de qui il a passé sa jeunesse, celui qui s'est retiré chez les Inuits pour découvrir la sagesse des anciens et comprendre le langage des baleines et celui du vent !

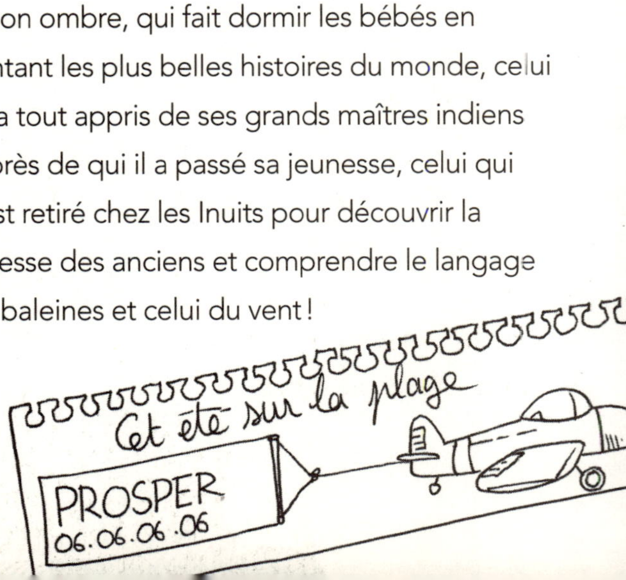

POSTIT-BOY c'est moi !

— Mais qu'est-ce que c'est que ce tas de bêtises ?

C'est ma vie telle qu'elle est racontée sur mon site !

— Mais ce n'est pas vrai !

Comment ça, ce n'est pas vrai ? Bien sûr que c'est vrai puisque c'est écrit sur Internet ! Si c'est écrit, c'est vrai ! J'ai beaucoup appris de nos anciens voisins, les Anderson, ils étaient bien américains ? Donc un peu indiens, et donc, en gardant leurs enfants, j'ai progressé ! Bon, pour les Inuits, c'est vrai que je n'ai jamais été au pôle Nord, mais en CP, j'avais un ami qui s'appelait Nanouk, et il paraît que c'est un nom esquimau, et c'est lui qui m'a appris à lire : il était le seul de la classe à ne pas se moquer de mon bégaiement, tu vois donc que c'était un sage auprès de qui j'ai passé ma jeunesse. Bon, pour les baleines, je ne suis pas si loin : en CE2, nous avions un poisson rouge dans la classe, il s'appelait Monstro, comme la baleine de Pinocchio, et c'est toujours moi qui lui donnais à manger. Il n'y a que lui qui m'écoutait quand je lui parlais pendant la récré. En fait, il n'y a que pour le langage du vent que c'est un peu faux, mais avoue que quand même, c'est la classe !

— Mais, Prosper, ce n'est pas la classe, c'est juste faux !

Non, ce n'est pas faux ! C'est vrai, mais c'est juste « raconté » ! Tout le monde fait ça, de raconter un peu sa vie.

— Mais non, tout le monde ne fait pas ça ! Prosper, il faut que tu ailles tout de suite parler à tes parents ! Tu dois leur raconter tout ce que tu viens de me dire, mot pour mot !

Non !

– Si ! Prosper, fais-le !

Et puis arrête de m'appeler Prosper ! Désormais, tu dois m'appeler Post-it-Boy ! Pourquoi ne veux-tu pas que je sois heureux, que je sois célèbre, riche, connu, aimé ? Pourquoi ? Je vais te dire, journal, je crois que tu appartiens à l'Ancien Monde ! Tu es un truc en papier et ça te fait peur que je devienne une star du Net, que la Toile soit mon royaume ! Tu es le passé, la modernité t'effraye ! Mais ne t'inquiète pas, je continuerai à te voir, à t'écrire, et même, si tu es sage, peut-être qu'un jour je parlerai de toi sur mon blog, je ferai de toi le sujet d'un post ! Allez, viens journal, donne-moi la main et, ensemble, allons d'un pas léger vers cet avenir radieux et glorieux qui est le mien !

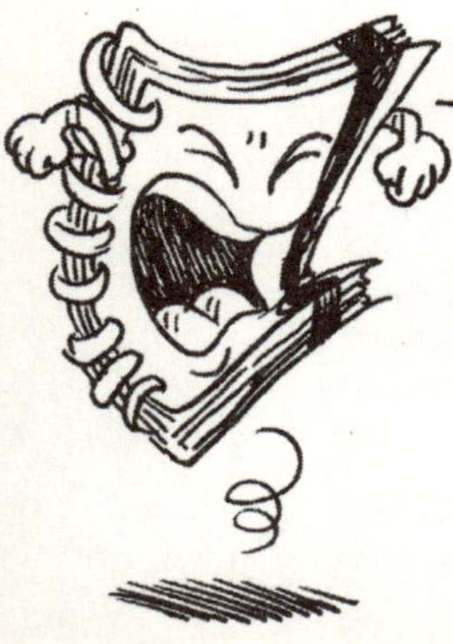

— Prosper, tu…

Post-it-Boy, s'il te plaît !

— Prosper, tu…

POSTIT-BOY

Journal, je te le redis pour la dernière fois, mon nom, désormais, c'est « Post-it-Boy » !

– Et moi je te le redirai autant de fois qu'il le faudra, mais ton nom, c'est Prosper !

Journal, si tu ne veux pas finir aux oubliettes de l'Histoire avec les vieux trucs tout pourris qui ne servent plus à rien, si tu ne veux pas te retrouver avec les télés en noir et blanc, les téléphones accrochés aux murs, les machines à écrire, les charrettes à cheval et les moulins à vent, si tu ne veux pas être au rayon des antiquités, des pierres gravées, des dessins rupestres et des chaussures en peau de mammouth, va falloir être gentil avec moi !

— Tu peux rêver, Prosper !

Pas « Prosper » !

— Prosper !

Je suis

Post-it

Tu t'appelles Prosper !

Tais-toi, jour

Écoute-moi,

Prosper,

écoute-moi !

Boy !

Je suis le roi du Net !

nal !

Tu es un idiot !

Et toi un imbécile !

— …

Journal ?

— …

Journal ?

— …

Journal, oh, t'es là ?

— …

Journal ! S'il te plaît !
Ne fais pas la tête !

— …

Journal, réponds-moi…

— …

Journal, allez, reviens, parle-moi, tu es le seul ami qu'il me reste ! Fais pas ta tête de mule !

Journal.

Journal ! Je te prouverai que tu as tort, que j'ai raison !

On verra bien qui est le plus fort !

Salut, journal, et que le meilleur, moi, gagne !

POSIT-BOY

Chapitre XI

Seul au monde !

MERCREDI 21 MARS,
22 H, ÉCOLE CE MATIN,
BABY-SITTING CET APRÈS-MIDI,
AVERSE ENTRE LES DEUX. TROIS
CONNEXIONS SUR MON SITE.

Journal, je sais que tu ne me répondras pas ! M'en fiche. Je vais quand même t'écrire et je sais que tu vas me lire, t'as pas le choix !

Alors voilà, depuis trois jours mon site fonctionne, et devine quoi ? Tu donnes ta langue au chat ? OK, devant ton insistance je vais te raconter. Cet après-midi, j'ai été faire mon premier baby-sitting trouvé grâce à mon site. Je devais garder trois enfants pendant quatre heures. Goûter, jeux et lecture d'histoires. Journal, la technologie est en marche, je suis officiellement le baby-sitter 2.0 ! M. Setipsi est hyper-content ; il doit un peu travailler les mots-clés, le référencement et encore des trucs de ce genre auxquels je ne comprends pas grand-chose, mais il est sûr que nous allons cartonner ! Allez, salut, je te laisse : il faut que j'aille voir sur mon site si jamais je ne suis pas attendu quelque part !

PRO$PER

Chapitre XII

Plus seul encore !

Mercredi 4 avril,
minuit, sous la couette, un paquet de bonbons, un de billets en plus dans mon cochon ! Bonne journée !

Carnet !

Carnet ?

Tu fais la tête ?

OK, libre à toi de ne pas me répondre. Sache quand même, tas de feuilles inertes, que tu es écrit par un homme heureux et en passe de devenir riche.

Aujourd'hui, j'ai fait deux baby-sittings. J'en ai déjà un de prévu demain soir et un autre samedi ! Alors ?

OK, toujours muet ? Le site fonctionne, lui, et me répond, pas comme toi, objet du Moyen Âge ! L'avenir est en marche et je cours avec lui ! Setipsi a fait fabriquer les badges et les magnets ; t'aurais vu la tête des gens tout à l'heure quand je leur en ai donné un ! Je crois que nous allons frapper un grand coup dans l'histoire du baby-sitting ! Alors ? Tu ne veux toujours pas me parler ?

OK ! Salut, misérable tas de papier !

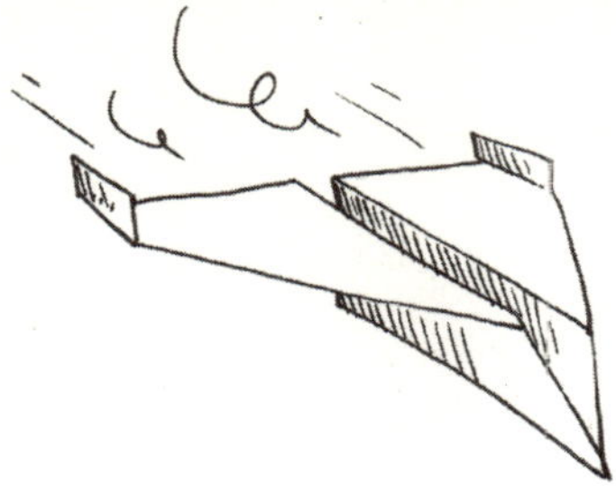

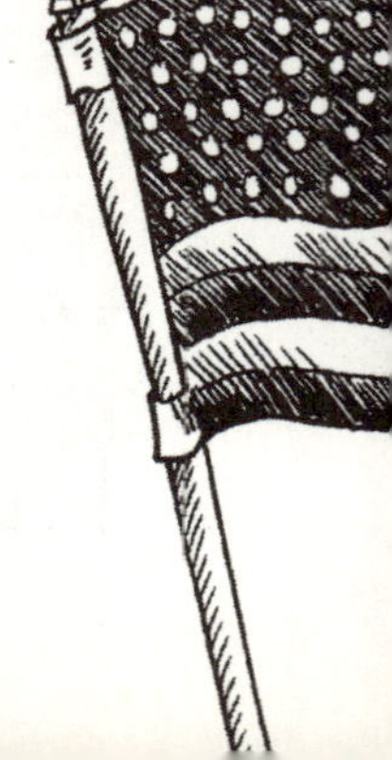

Chapitre XIII

Rupture

MERCREDI 11 AVRIL, 2 H DU MAT',
SOUS LA COUETTE AVEC MON TÉLÉPHONE,
ENCORE RÉPONDU À QUATRE OU CINQ
PROPOSITIONS DE BABY-SITTING.

Salut journal !

T'as de la chance que j'aie encore un peu de temps à te consacrer, car je suis un homme pressé, débordé, un homme moderne, un homme qui court derrière le temps, car vois-tu, le temps, c'est de l'argent !

Alors il faut que je te dise que maintenant, je vais au bout de la rue pour garder des enfants. J'ai eu des demandes de toute la ville, et même d'encore plus loin. Tu imagines ? Bientôt je pourrai mettre une enseigne lumineuse, en néon, le genre Las Vegas, énorme, rouge et jaune, clignotante avec marqué « Post-it-Boy », et juste en dessous, mon numéro de téléphone. Puis j'irai un peu partout dans le monde, c'est Setipsi qui me l'a dit, expliquer comment j'ai réussi et pour installer des succursales de mon entreprise. J'aurai un avion, obligé, pour aller voir mes plus gros clients en Chine, en Amérique, en Inde. Je sais déjà que je vais adorer ça !

– **Tais-toi !**

— Toi, tu n'as pas été parler à tes parents ! Tu te couches à deux heures du mat', tu passes ta vie sur un téléphone ! D'ailleurs, d'où vient-il, ce téléphone ? Tes parents connaissent son existence ? Et puis laisse tomber ce Setipsi, il est inquiétant ! Prosper, ressaisis-toi !

Regarde ce que

tu es en train

de devenir !

Un… un…

Je n'ose même pas le dire,

pourtant il ne me faudrait

guère plus de **trois lettres** !

Ciao !

PROSP

Chapitre XIV
Rien que des compliments

LUNDI 16 AVRIL. JE SUIS UNE STAR !
JE VAIS PASSER À LA RADIO LOCALE, EN PARLANT AVEC UNE TABLETTE ET UNE VOIX DE SYNTHÈSE. IL FAIT BEAU, SUPER-BEAU, EXTRA-BEAU ! JE SUIS LE ROI DU MONDE… ET PEUT-ÊTRE MÊME DE L'UNIVERS !

Alors, t'es calmé ? Finie, ta petite crise d'autorité ? Tu sais que tu n'es pas mon père ni ma mère ! Tu sais que si je veux, je peux te remettre au fond du placard, dans la boîte des baskets, là où ça sent si bon et où les conversations sont si palpitantes ! Tu te souviens ?

Mais tu as de la chance, je n'ai pas que ça à faire. J'ai des propositions à l'autre bout de la ville. Setipsi a dit qu'il m'emmènerait et puis plus tard, qu'il me trouverait un arrangement avec un taxi ! Il est top, il pense à tout ! Il me trouve des interviews, me fait rencontrer des gens, m'invite chez lui, me parle comme à une grande personne. Il croit en moi, lui ! Il a la patience de m'écouter, et quand je vois ce qu'il a fait de moi en si peu de temps, je sais que j'ai raison de croire en lui ! Grâce à lui, je suis devenu le bègue le plus célèbre de l'Histoire.

Alors toi, journal, tu peux bien me faire la tête et ne plus me parler, je m'en fiche, car je n'ai plus besoin de toi ! Je ne suis plus seul, maintenant, j'ai des amis. Les Simon, qui habitent au 32, m'ont dit que jamais ils n'avaient eu un meilleur baby-sitter ! Les Hourande, du 28, pareil, ils me trouvent génial, comme les Swartz du 56 et les Robert du 12 ! Tu vois, journal, je crois que nous allons nous quitter, car en fait, je n'ai plus besoin de toi ! Voilà, c'est fini !

Mais… Journal, qu'est-ce qui se passe ? Pourquoi je ne peux plus écrire ?

Journal ! C'est toi qui fais ça ? Journal, réponds !

— Je ne vois pas de quoi tu parles !

Journal, pourquoi est-ce que tout ce que j'écris s'efface ? Qu'est-ce que c'est que ce truc ?

— Ce n'est rien, c'est juste moi ! Tu devrais être content, je bois tes paroles. J'aspire tes mots pour les faire disparaître. Tu écris trop de bêtises alors je les efface !

Mais, tu n'as pas le droit de faire ça !

— Ah ? Et pourquoi je n'aurais pas le droit ?

Mais, parce que c'est moi qui décide !

— Et pourquoi déciderais-tu de tout ?

Mais parce que tu es à moi ! Tu dois m'obéir, c'est moi le chef !

— Plus maintenant, ces pages sont les miennes, c'est moi qui décide, c'est moi qui choisis ce qui a le droit d'y être écrit ou pas ! OK ?

D'accord, mais jusqu'où es-tu prêt à aller ?

— Comment ?

Prends ça !

Alors ? Pas si facile à faire disparaître ! Il fait moins le malin, le petit carnet

— Ah, monsieur Prosper veut la guerre ? Si tu me cherches, tu vas me trouver !

Personne jamais ne m'empêchera d'écrire ce que je veux ; je suis Prosper, le roi du monde !

— Vas-y, tu peux essayer le plus gros crayon du monde, j'effacerai tout ! Tu es ici chez moi !

Tête d'enclume! Singe sans genoux! Peau de banane! Pou de chauve! Salière vide! Poisson-lune! Cornichon à la fraise! Origami aplati! Endive braisée! Trompette de mouche! Crabe mayonnaise! Souris sans chat! Ra… it! Valise sans poignée! Baleine à moust… Planche à clou! Punaise rouillée! Lama fris…! …ussette trouée! Ornithorynque enrhumé! …eur d'opérette! Cacahuète périmée! Trig…céride ampoulé! Chiure de gomme! Pelure d'oignon! Papier gras! Oursin épilé! Sourcil brushé! Calamar ambidextre! Fourchette sans dentier! Noyau d'atome! Pyjama de zèbre! Cou de girafe! Pomme d'Adam! Gâteau sec! Beurre sans sel! Pastèque aztèque! Hystérique pas pratique! Idiot pas beau! Bruit … le! Papie… vette! Âne san… sans feu! Morve de troll! Goûter de caf… éphant! Limace trop grasse! Soupe à la grim… lon grognon! Monstre à six pattes!

Canard sans mare! Baignoire vide!
Sens interdit! Éléphant amnésique!
Dent d'huître! Tas de rien! Boule de vide!
Neige fondue! Fromage qui pue! Pied pas lavé! Nez bouché! Arête de vache! Cochon furibond! Horloge en retard! Flaque d'huile! Pied de nez! Pince à épiler le nez!
Alambique à crevettes! Pet de poule! Jour de pluie!
Privé de dessert! Chat sans pot!
Tête de citrouille! Pied-de-poule! Tarte Tatin!
Pomme fripée! Trognon de mouton! Hérisson tondu!
Asphodèle en dentelle! Escogriffe poussif! Lumignon sans provision! Comité Théodule! Hache aspirée!
Noyau sans olive! Pépin pas trop bref!
Berthe aux petits pieds! Sénateur à vapeur!
Pirouette cacahuète! Hippie pas hourra! Train sans vache! Île sans eau! Calandre grecque! Dispute hirsute!
Téléphone aphone! Allumette a[illegible]ouette à lunette! Père Noël au mois d'aoû[illegible]te

STOP

Stop… Stop ! Je demande une trêve !

— J'accepte ! C'est bon… on arrête…

Comment on fait maintenant ?

— Comment on fait quoi ?

Ben, comment on fait… On continue à se traiter de tous les noms ? On se parle ? On se parle pas ? Je te jette ? Tu m'effaces ? On fait quoi ?

— C'est une bonne question. Comment on faisait avant ?

Avant quoi ?

— Avant que tu ne deviennes… enfin que tu… je veux dire… Enfin, avant, quoi !

Tu veux dire quand t'étais aimable, que tu ne m'effaçais pas pour un oui ou un non, que tu étais un bon carnet obéissant ? Eh bien j'écrivais, et tu te contentais d'écouter, de lire et de faire une petite remarque de temps en temps. Mais ça, c'était avant… Et maintenant ?

— Je réfléchis… On pourrait écrire chacun à son tour. Une ligne toi, une ligne moi ! Non, pas pratique. Et si on me partageait en deux ?

Tu serais prêt à être déchiré ? Comme ça, d'un coup sec ? Carnet ! Je ne vais quand même pas te demander ça après tout ce que nous avons vécu ensemble.

— Mais non, demi-quart de pas grand-chose, on partage mes pages, un côté pour toi, l'autre

TRÊVE

pour moi ! Les pages de l'est pour l'un, celles de l'ouest pour l'autre. Alors ?

Alors ça me paraît sensé. Tu prends quel côté ?

— Et toi ?

Je ne sais pas… le gauche ?

— Ah bon ? et pourquoi ? Et si moi je le voulais aussi ?

OK, je te laisse le gauche, je prends le droit.

— Minute, minute, si tu me le laisses si facilement, c'est qu'il doit y avoir une raison ! Je suis sûr que tu me caches quelque chose. Prosper, tu n'es pas quelqu'un de sympathique. Du coup, je prends le gauche. Oui, mais alors tu vas prendre le droit, celui que tu voulais au début ! Tu savais que j'allais protester et que du coup tu changerais et que donc au final tu ne prendrais pas celui que tu demandais en premier, mais l'autre ! Donc si je te laisse prendre celui que tu as choisi en deuxième, je suis sûr qu'en fait tu as celui que tu voulais en premier et que tu m'as bien eu ! Ha, ha ! Je t'ai démasqué ! Je prends la droite ! Et toc !

Journal ? Tu me fatigues ! Je crois que tu as raison, à partir de maintenant, chacun chez soi ! Rendez-vous de l'autre côté !

— Hein ? Pourquoi de l'autre côté ? Il y a un piège ?

Mais non, triple crème de graisse de hérisson faisandé… C'est juste que nous sommes en bas de la page… Qu'il faut donc aller de l'autre côté… Voilà.

OUEST

C'est impressionnant d'avoir sa page pour soi tout seul ! C'est vrai que j'avais perdu l'habitude, à force d'être sans arrêt interrompu par mon journal. Ça fait du bien de se retrouver face à soi-même. Je vais pouvoir écrire des tas de choses que je n'osais pas marquer de peur que l'autre les lise et qu'il les prenne mal ou qu'il fasse ses commentaires. Du coup, je suis libre, je vais pouvoir écrire sur... Voyons, voyons un peu... Cherchons une idée.

Non, pas sur ça... Sur l'école, pas d'intérêt. Je sais : je vais me raconter ma vie... Mouais, je la connais, y a pas vraiment de surprises. Ah, je sais, je vais inventer une histoire ! C'est une bonne idée, ça, inventer une histoire... Oui, mais sur quoi ? Si je demandais à l'autre, là, mon voisin, il aurait peut-être des idées ? Ah mais non... Il ne m'entend pas...

Journal, je ne sais pas si c'est vraiment une bonne idée de s'être partagé les pages comme ça ?

EST

— Ah oui, c'est bien ! C'est même drôlement bien d'avoir sa page à soi ! Alors là, y a pas, c'est le luxe ! On peut prendre ses aises, s'étaler, aller d'un côté à l'autre ! Personne pour vous gêner, personne pour vous empêcher de vous étaler d'un bout à l'autre de la page ! Ah, c'est vraiment bien.

Et en plus, je n'entends rien, plus un bruit, plus de grattements de papier, plus le flot de paroles de Prosper qui vient m'embêter sans arrêt… Je suis bien… Je suis seul…

Voilà, tout seul…

Ici, c'est chez moi !

Là aussi.

Mon coin.

Là, je fais ce que je veux.

J'écris ce dont j'ai envie.

Ici, c'est chez moi !
Là, c'est ma page !

Quel bonheur cette solitude ! Il n'est pas près de me manquer, ce carnet idiot, ce journal imbécile et bavard ! Bon, et maintenant, que faire ? Et puis cette idée d'avoir dessiné un mur entre nous deux ! Me voilà bien tranquille !

Voici la liste de tout ce que M. Setipsi m'a prévu pour les jours qui viennent.

Deux interventions à la radio.

Une télé locale.

Deux vidéos pour mon site et mon blog, rubrique : « Les conseils d'oncle Prosper ».

Encore une idée de Setipsi. Et une super-bonne idée : on a fait plus de cent mille vues en une semaine pour la première vidéo, *Bien endormir le bébé en dix leçons* [je n'ai pas compris grand-chose à ce que j'ai raconté, mais ça avait l'air drôlement bien].

Je dois aller essayer mes nouvelles baskets et mon sweat, celui avec marqué en gros : « Prosper dans les murs, votre soirée est sûre ».

Avec tout ça, il faut aussi que je trouve quelques minutes pour mes devoirs. Si les parents voient mes notes, ils vont criser.

J'ai dix baby-sittings sur mon agenda et je dois faire une séance photo pour les mugs et les tracts. Carnet, mon vieux, heureusement que tu ne le sais pas, mais tu es super-utile, même quand tu te tais ! Peut-être plus encore.

— Bon, et maintenant que faire ?

C'est malin d'avoir mis Prosper de l'autre côté… Et comment je fais, moi, pour lui dire que je m'inquiète ? Qu'il ne devrait pas trop voir ce Setipsi, qu'il faut qu'il parle à ses parents, qu'il faut qu'il m'écoute… Comment je fais maintenant qu'il est de l'autre côté de ce mur ? Ce n'est vraiment pas malin ! C'est tout moi, ça, je m'emporte, je m'excite, je m'énerve ; et que je fais des grands gestes, et que je pousse des grands cris, et hop, le voilà qui s'en va !

Mais comment le récupérer ? Hein ? Ah ! je vous jure, être le carnet d'un ado, ce n'est pas facile tous les jours…

Chapitre XV

Tout va mal… mal de chez mal

Je ne sais pas quel jour on est,
ni quelle heure il est, ni ce qu'il fait !
Rien, je ne sais rien, il n'a rien marqué…
Normal, ce n'est pas sa page.

— Bon, il m'a ouvert, c'est déjà pas mal ! Peut-être qu'il va bien vouloir me parler, enfin, m'écrire.

Allez, fais un effort ! Raconte-moi quelque chose ! Parle-moi, Prosper, écris-moi !

Mais qu'est-ce que je suis nouille de l'avoir provoqué comme ça ! C'est tout moi, ça, agir avant de réfléchir ! Et comment je peux l'aider, maintenant ? Il doit être en train de faire des tas de bêtises avec son M. Setipsi, ce vendeur de rêves, ce, ce… Ce je ne sais quoi, mais je ne veux pas le savoir ! Pourvu qu'il parle à ses parents ! Pourvu qu'il revienne sur Terre ! Une voiture avec chauffeur pour aller faire des baby-sittings, et pourquoi pas un avion ? Prosper, reviens, tu es devenu fou ! Prosper ! Prosper !

VENDREDI 27 AVRIL, LE PRINTEMPS EST LÀ, MOI AUSSI, LES OISEAUX CHANTENT, MOI AUSSI, LE SOLEIL BRILLE, MOI AUSSI.

Quelle vie ! Mais quelle vie ! Pas une minute à moi ! Si je devais résumer les jours qui viennent de s'écouler, ça ferait à peu près : cent mille vues de mon dernier post sur mon blog ! dix mille messages auxquels je ne peux pas répondre, des centaines de propositions de baby-sitting, dont un pour aller accompagner des enfants qui font un safari en Afrique, un autre tout en haut d'une tour en Chine chez un milliardaire, deux en Angleterre dont un chez une cousine de la reine. Trois rendez-vous pour des interviews, une rencontre avec un réalisateur qui trouve mon histoire intéressante, et je dois ouvrir six cent cinquante-trois lettres arrivées chez Setipsi (heureusement : j'ose même pas imaginer la tête des parents s'ils les voient). Les parents… C'est vrai que j'ai un peu tendance à les oublier, ceux-là. Mais bon, Setipsi a raison : quand ils verront ma réussite, ils seront fiers de moi et ils comprendront ! En attendant, il faut quand même que je continue à signer le carnet à leur place… De ce côté-là, ils ne seraient pas trop fiers de moi s'ils voyaient mes notes… Mais après tout, Einstein et Churchill étaient des cancres et cela ne les a pas empêchés de réussir !

— Et puis, qu'est-ce que je m'ennuie ! Je n'ai rien à faire, personne à contredire, personne à embêter, rien à critiquer. Je pourrais bien sûr râler tout seul, mais à quoi ça servirait de râler si personne ne m'entend ? Et en attendant, qu'est-ce que je m'ennuie ! Je suis abattu, déprimé, sinistré, j'ai le blues, le cafard, le bourdon, mon chagrin est sans fin, je suis découragé, désenchanté, désappointé, désespéré, attristé, infortuné, démoralisé, je suis inquiet, anéanti, défrisé, je suis seul, abandonné, isolé, cloîtré, reclus, délaissé, laissé, lassé, vidé ! Je déteste Prosper, je le déteste, je le hais, je l'abomine, je l'abhorre, je ne peux plus le blairer, le saquer, le sentir, le voir, même en peinture. Je ne veux plus le voir, je ne veux plus jamais, jamais, jamais le lire, ni bien sûr lui écrire !

…

Mais il me manque…

Prosper !

Hier, on a fait une nouvelle vidéo, une où j'explique comment faire dîner les petits sans qu'ils en mettent partout. Bon, OK, ce n'est pas moi qui ai écrit le texte, d'ailleurs y a plein de trucs que je dis que je n'ai jamais essayés, mais ça a l'air super. Au début de la vidéo, je parle normal, ccccoooommmmcccooommmme çççaççça ! Bon, je ne vous fais pas un dessin, vous voyez le genre. Puis je sors de la pièce et je reviens avec Julien, le fils de Setipsi, et là, je lui parle à lui et du coup, miracle, je ne bégaye plus ! Ça marche du tonnerre, la séquence a déjà été reprise dans des tas de journaux télé, je tourne en boucle sur les réseaux sociaux !

Demain, j'ai ma première séance de dédicace ! On va dans un magasin de trucs pour bébés, je vais y dédicacer les mugs et les baby-phones à mon nom ; la classe ! Bien sûr, c'est toujours Setipsi qui s'occupe de tout ! Il m'a emmené m'acheter des habits neufs, des trucs cool ; pour les vidéos et les interviews, c'est mieux. La semaine prochaine, je dois aller inaugurer un supermarché, mais ça, ça ne va pas être possible, faudrait rater l'école et là, je vais finir par avoir des problèmes.

— Je m’ennuie…

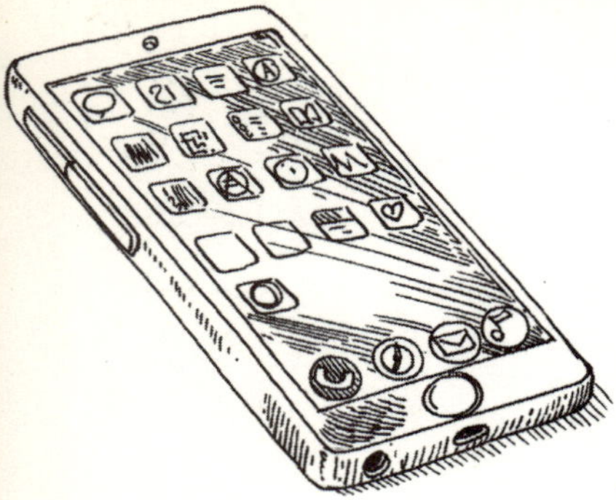

Il m'a aussi donné un téléphone de compétition, le tout dernier Ofine, un truc de fou, comme ça il peut m'appeler quand il veut et me dire ce que je dois faire, où, et quand je dois le faire. Hier, il m'a dit que pour les voisines, celles qui m'ont piqué mes baby-sittings dans l'immeuble, on allait passer à la vitesse supérieure. Je ne sais pas trop ce qu'il veut dire par là. Il a juste dit : « Elles vont regretter de s'être attaqué à mon poulain. »

Y a quand même des moments où je trouve qu'il va un peu trop loin. Mais ça doit être pour ça qu'il réussit aussi bien. Allez, il est presque deux heures du matin, je crois que je vais me coucher ! Ah, non ! faut que je réponde, Setipsi qui m'appelle sur le téléphone. C'est bête, mais je crois que cet idiot de journal me manque un peu.

— Rien !

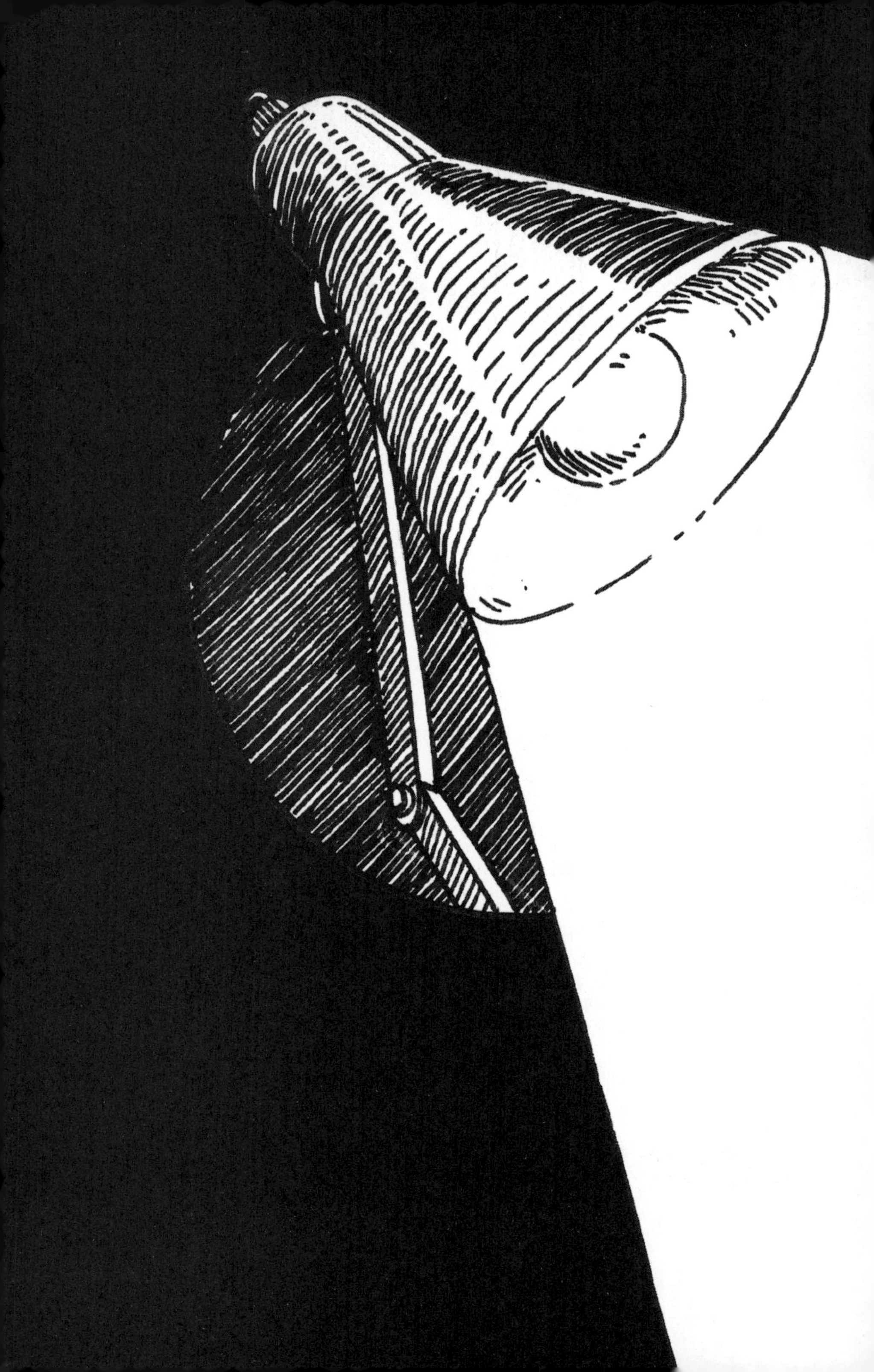

Chapitre XVI

Au secours !

VENDREDI 4 MAI,
C'EST LA NUIT,
JE NE SAIS PAS QUELLE HEURE, J'OSE PAS
ALLUMER MON TÉLÉPHONE... J'AI PEUR !

Journal, t'es là ?

Journal, je sais que ce n'est pas mon côté, pas ma page, mais faut que je te parle ! Dis, tu m'entends ? Répond ! Journal ? Où es-tu ? Ne me dis pas que tu es parti ! Ne me dis pas que tu es redevenu un cahier comme les autres justement le jour où j'ai besoin de toi ! Journal, faut que tu reviennes, j'ai des problèmes ! Journal, s'il te plaît… Journal, tu avais raison, je n'aurais pas dû ! Journal, s'il te plaît, aide-moi, reviens… Reviens…

Si je te perds, je perds le seul ami qui me reste, le seul qui peut encore me comprendre et m'aider !

Journal, aide-moi !

Help ! À l'aide !

— Oh, ça va pas de crier comme ça ?

Je déteste quand tu écris trop gros, ça me fait mal aux pages, ça me déchire le papier ! C'est bon, c'est bon, je suis là ! Qu'est-ce qui se passe ?

Journal, tu avais raison ! Il faut que je…

— Stop ! Tu peux répéter ?

Il faut que je…

— Non, juste avant !

Tu avais raison ?

— Oui, c'est ça ! C'est bon quand tu dis ça, j'aime quand tu me parles comme ça ! Mais bien sûr que j'avais raison ! J'ai toujours raison. Mais dis-moi, à quel sujet avais-je donc vu si clair ?

Mais à tous les sujets ! Setipsi, c'est un fou, un malade, il me fait peur ! Il ne veut plus me lâcher, je dois toujours être disponible, toujours lui répondre ; dès que je ne fais pas ce qu'il dit il se met à crier, il me fait peur ! Et puis il fait des trucs pas nets.

— C'est quoi « des trucs pas nets » ?

Il ment !

— Ah, oui, ça… C'est sûr, c'est pas net. Mais en même temps, avoue que si on devait mettre en prison tous ceux qui ont menti un jour, il n'y aurait plus personne à l'extérieur ! Tu as des exemples de mensonges à me donner ?

Mais partout, tout le temps ! Tu te souviens, le récit de ma vie sur mon blog, tu avais trouvé ça « curieux », le coup des Inuits, des baleines, des Indiens auprès desquels j'aurais tout appris… Tu n'avais pas aimé du tout. Eh bien tu avais raison ! Ce type est un grand malade !

— Oublie-le, abandonne-le et reviens à ta vie normale ! C'est quand même pas compliqué à faire, ça !

J'aimerais bien… Mais je ne peux pas.

— Ah ? Et comment peut-il te tenir ? Tu es libre de faire ce que tu veux ! Rien ne t'oblige à continuer avec lui ! C'est quand même toi qui décides de ce que tu fais de tes journées ! Prosper, je t'avais dit d'aller en parler à tes parents, tu l'as fait ?

Mais je peux pas. Je peux plus, c'est trop tard. Si je le fais maintenant, ils vont me tuer !

— Prosper, qu'est-ce que tu as fait ? Tu commences à m'inquiéter ! Qu'est-ce que tu ne me dis pas ?

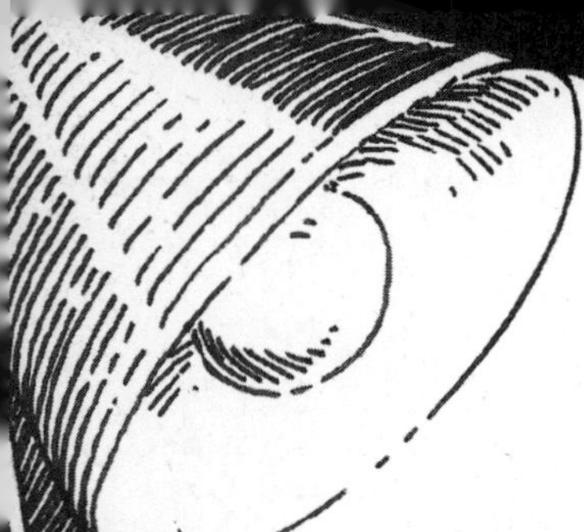

Mais journal, rien, je n'ai rien fait. Je n'ai fait que le suivre. J'ai fait comme lui, j'ai menti.

Au début, j'ai inventé ma vie, ça c'était pas trop grave. Puis je me suis inventé des rencontres, des connaissances, des diplômes, des aventures ; j'ai fait des vidéos où je raconte des tas de choses que j'ai « découvertes » pour garder les bébés, mais ce n'est pas moi qui les ai découvertes, je n'ai rien « découvert » du tout, moi. C'est Setipsi qui écrivait tous les textes. Et puis il y a cette histoire à propos des trois sœurs d'à côté… Et ça, ce n'est pas chouette. Pas chouette du tout même. On a inventé toute une histoire pour qu'elles perdent tous leurs baby-sittings. On a commencé par dire des petits trucs sur les réseaux sociaux, des trucs pas graves, juste un peu drôles ou embêtants. Puis on a inventé des histoires surgies du passé. On a fait un faux blog où elles auraient déposé des textes super-méchants sur les gens du quartier, sur moi, et on, enfin, Setipsi, s'est débrouillé pour que des gens tombent dessus. Du coup, depuis hier, elles sont montrées du doigt partout. Les textes du blog sont repris et commentés par tout le monde. Et Setipsi a dit que c'était pas fini, que bientôt il allait mettre des photos, qu'il allait les « tuer »… Journal, il me fait peur.

— **Et tu lui as dit?**

Oui.

— **Et alors?**

Alors il m'a dit que si jamais je cessais de faire ce qu'il m'ordonnait de faire, il ferait pareil avec moi, qu'il me réduirait à néant… Journal, il faut que tu m'aides…

— **Tu en as parlé à quelqu'un?**

Non.

— **Bon, je vais réfléchir à tout ça tranquille cette nuit! Faut quand même qu'il y ait des avantages à ne pas dormir. En attendant, tu vas me remettre avec ma copine l'encyclopédie, elle est de bon conseil. Et de l'autre côté, je voudrais que tu mettes ce livre assez sympa qui parle des grands stratèges de l'histoire, il a peut-être des idées lui aussi. Et puis surtout, surtout, demain à la première heure tu m'organises une rencontre avec Zoé!**

Mais, avec Zoé… Zoé, elle ne te connaît pas, elle ne sait pas que tu… enfin que nous… Enfin, journal, t'es quand même pas un journal de base! Tu parles! Comment je vais lui dire ça?

— ***Primo*** **je ne parle pas, j'écris,** ***secundo*****, je n'en sais rien, tu te débrouilles! À demain!**

À L'AIDE...
1... 2... 3
HELP..

Chapitre XVII

Zoé is Back !

SAMEDI 5 MAI,
DIX HEURES DU MAT', PAS BEAUCOUP DORMI,
HIER C'ÉTAIT LA PANIQUE, AUJOURD'HUI
C'EST LA CATASTROPHE. AVEC ZOÉ...

Journal ? Journal, tu es là ? Journal, c'est épouvantable, depuis hier les choses se sont aggravées. Je ne sais plus quoi faire. Journal, il faut que tu m'aides, s'il te plaît, journal au secours, je vais mourir, à l'aide ! Journal, Jour…

— Stop ! Il va se calmer l'asticot ! Tu respires, tu fermes les yeux et tu comptes jusqu'à trois. Ensuite, tu les ouvres et tu comptes encore jusqu'à trois, puis tu enlèves tes chaussures et tu poses tes pieds bien à plat et tu penses à la Terre, et là, tu comptes une dernière fois jusqu'à trois ! OK, c'est bon ?

Oui, c'est top comme truc ! Ça marche ! Journal, qui t'a appris ça ? L'encyclo ?

— Non, je viens juste de l'inventer ! Je suis content que ça fonctionne ! Tu sais, moi je n'ai pas de pieds, alors je ne me rends pas bien compte. Passons aux choses sérieuses, Zoé est là ?

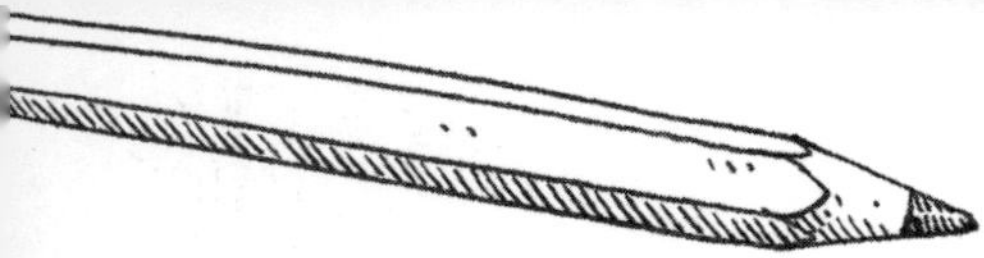

Oui, elle est juste à côté de moi, elle te regarde.

— OK ! Salut, Zoé, je suis le journal de Prosper et je parle, ou plutôt, j'écris. Je sais que c'est assez inattendu, mais c'est comme ça, tu verras, on s'y fait. Prosper t'a souvent évoquée devant moi et…

Non, enfin, je veux dire, pas tant que ça… Je ne parle pas de toi toute la journée, je…

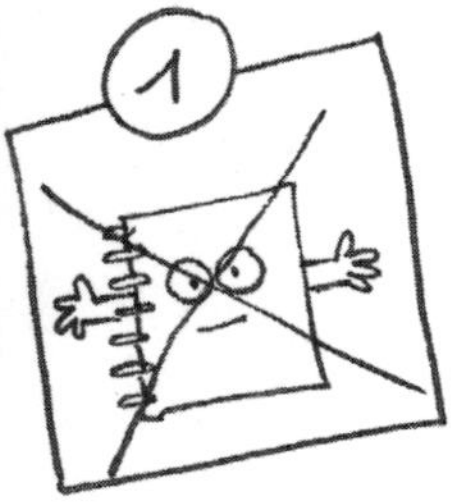

— Ne rougis pas, tais-toi, pose ce crayon ! Comme tu peux le voir, Prosper écrit mieux qu'il ne parle, comme toi et comme moi aussi. Il n'y en a aucun de nous trois qui sache vraiment parler, donc nous sommes faits pour nous entendre. Première chose, il faut nous promettre de ne révéler mon existence à personne. Si jamais j'étais découvert, je cesserais aussitôt de m'exprimer et Prosper passerait pour un fou. Il finirait à l'hôpital et moi à la poubelle ! Je ne crois pas que ce soit ce que tu souhaites ? Deuxième chose, comme tu peux le voir, Prosper a la mauvaise habitude de gribouiller des trucs partout sur les pages, je ne sais pas quels sont tes dons en dessin, mais si ça t'amuse, ne te retiens pas ! Troisième chose, n'hésite pas à prendre le crayon des mains de cette andouille pour me répondre directement.

Bonjour, c'est moi, Zoé, suis ravie de faire ta connaissance. Alors moi, je suis la voisine du…

— C'est bon, Zoé, tu peux passer les présentations, l'autre animal les a déjà faites, « et que Zoé par-ci, et que Zoé par-là » ; il parle souvent de toi. Mais moins depuis quelque temps !

Mais ce n'est pas vrai ! Je ne parle pas que de Zoé… Tu dis des bêtises !

— Bon, OK, je suis sûr qu'il rougit et qu'il me regarde avec des envies de meurtres ! Non ?

Oui ! Exact, tu le connais drôlement ton Prosper.

Mais arrêtez de parler de moi ! Et puis on n'est pas là pour ça ! Journal, c'est la catastrophe, je suis dans la m… ! Enfin, j'y suis jusqu'au cou ! Il y a du nouveau depuis ce matin, et ce n'est pas joli, joli…

— Setipsi est en bas ?

Pire !

— Il est dans l'appartement ?

Pire de chez pire !

— Il n'y a plus de Nutella® ?

Ah bah non, quand même pas ! Non, il y a la télé en bas de l'immeuble et des dizaines de personnes qui veulent me voir… C'est Setipsi qui les a convoquées pour le lancement de mon nouveau site. Il m'attend en bas dans une heure… Sinon…

— Sinon quoi ?

Si dans une heure je ne suis pas en bas avec lui pour faire une déclaration aux journalistes, il m'abandonne, et surtout, il fera courir des tas de bruits sur moi. Il m'a promis de ruiner ma réputation.

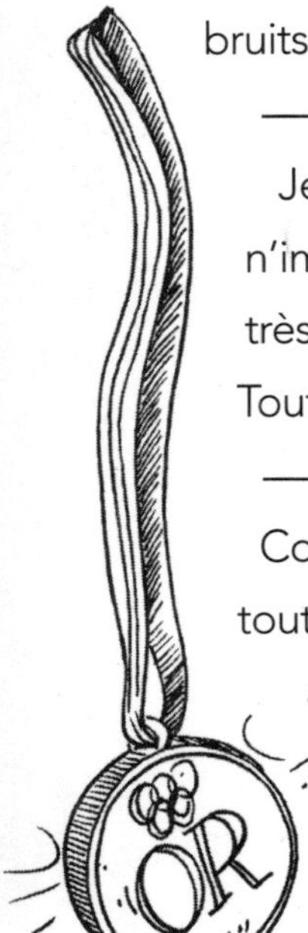

— Mais il n'y a rien à dire sur toi.

Je sais, mais je sais aussi qu'il est capable d'inventer n'importe quoi et je sais aussi que les mensonges, ça passe très bien sur Internet… Regarde ma fausse bio sur mon site… Tout le monde y a cru !

— Et tes parents ?

Coup de bol, ils sont absents pour le week-end. Mais de toute façon, tôt ou tard ils seront au courant… Journal, tu avais raison, j'aurais dû leur dire. Je suis trop c… !

Mais non ! Tu ne peux pas dire ça ! Faut jamais dire ça !

— Mais si, il peut le dire, dans son cas il a le droit de le dire ! C'est un idiot de compétition, un abruti de classe internationale. S'il y avait des JO de la spécialité, il aurait la médaille d'or ! Ça fait des semaines que je lui demande de parler à ses parents, de se méfier de ce gugusse ; des semaines qu'il refuse de m'écouter,

qu'il m'écrit de haut ! Et toi, Zoé, il t'a raconté au moins ?

Oui, ce matin, il m'a tout dit ! C'est vrai que c'est pas super-top ce qu'il a fait, maintenant ça ne sert à rien de le laisser tomber, il faut l'aider ! Bon, en y réfléchissant bien, il s'est conduit comme un imbécile de première, comme un babouin décérébré, une mouche sans ailes, un hamster de trois jours ! Tu as raison, journal... Et si on le laissait tomber ?

Non ! Vous ne pouvez pas faire ça !

— C'est bon, on a quand même un peu le droit de se moquer de toi ! Tu ne t'en es pas privé avec nous. Je crois, ma chère Zoé, que tu es plus douée que Prosper pour l'humour !
Il nous reste peu de temps pour nous débarrasser de ce clown.
On a des infos sur lui ?

Pas grand-chose. J'ai cherché, mais je n'ai rien trouvé. On dirait une sorte de fantôme ; pour un spécialiste d'Internet et de la pub, il est bizarrement absent sur la Toile.

Je crois que j'ai une idée. Je sais à qui il faut s'adresser pour avoir des infos fiables. Il faut aller chez M. Alfred. Lui, il a accès à tout, même quand c'est caché.

— OK, laissez-moi réfléchir deux secondes. Pour l'instant, il faut gagner du temps. Prosper, tu écris un message à Setipsi et tu lui dis que tu auras une heure de retard, puis avec Zoé, vous filez chez M. Alfred et vous revenez ici avec lui !

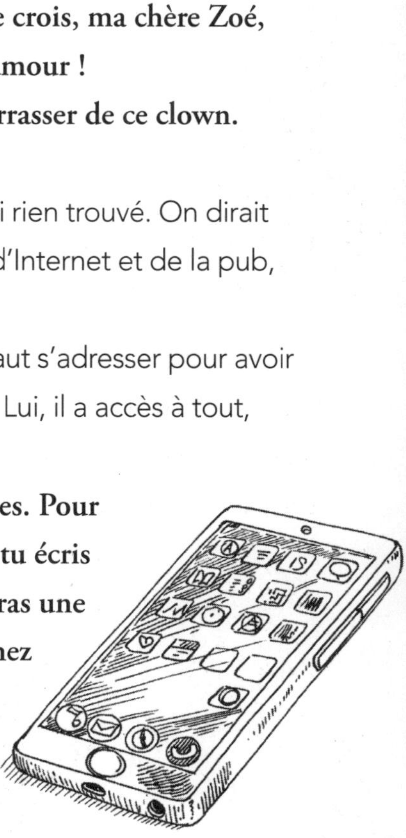

AVEC M. ALFRED

UNE DEMI-HEURE PLUS TARD, MÊME ENDROIT, AVEC M. ALFRED EN PLUS.

Cher journal, laisse-moi te présenter M. Alfred. Cher M. Alfred, laissez-moi vous présenter mon journal.

— M. Alfred, depuis le temps que j'entends parler de vous, je suis très content de vous voir en vrai. Même si bien sûr je ne vous vois pas vraiment. N'hésitez pas à m'utiliser, je commence à avoir l'habitude des écritures variées.

Journal, il semble que M. Alfred ne croit pas que tu existes vraiment ! Il cherche le truc et te retourne dans tous les sens. Journal, tu viens d'épater un homme qui pensait pourtant avoir tout vu…

Cher journal, je suis sans voix !

Comment est-ce possible ?

— Ah, M. Alfred, enfin j'entends votre écriture ! Soyez le bienvenu sur mes pages. Que vous soyez muet n'est pas grave, ici l'une l'est déjà, l'autre est bègue et je suis de papier ! Comme vous le voyez, vous êtes en harmonie avec le reste de notre équipe. Quant à la question, « Comment est-ce possible ? », je répondrai le plus simplement du monde :

je n'en sais bigrement rien !

En tout cas, je suis drôlement content que vous soyez là !

Eh bien journal, ça n'aura pas été sans mal !

— Vous me décevez, M. Alfred. Un ancien espion comme vous, avoir des difficultés à monter un étage !

Écoute, journal, les choses ne se sont pas du tout déroulées comme prévu. Laisse-moi te raconter. A priori, descendre au premier pour sonner chez M. Alfred, rien de plus simple.

J'ouvre la porte et là, je tombe nez à nez avec l'Escalier, Crocfroc et ses copines les trois baby-sisters. Leurs intentions sont manifestement hostiles, leurs mines mauvaises. L'Escalier est plus furieuse encore que d'habitude : elle ne décolère pas de ce qui est écrit sur elle dans mon blog. Les trois sœurs aussi ont visiblement très envie de me clouer sur une porte. Descendre est impossible, la retraite est coupée, donc nous montons nous réfugier chez Zoé. Bien sûr, on essaye de téléphoner à M. Alfred, mais comme d'habitude, il est sur répondeur.

Oui, c'est de ma faute, j'oublie tout le temps de recharger ce maudit téléphone.

— Et alors, comment avez-vous fait ?

Par la fenêtre ! Nous sommes passés par la fenêtre.

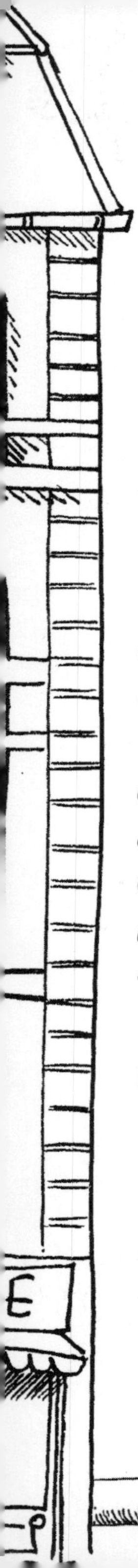

Comme dans les films, on file dans la salle de bains, on fait une corde avec les serviettes de toilette accrochées les unes aux autres. Trop court. On rallonge avec quelques pantalons mis à laver, on finit avec deux ou trois chemises et après, hop, par la fenêtre. Dans les films, ça a l'air super simple quand ils font ça, eh bien crois-moi, c'est un coup à se casser la figure, une jambe, les deux bras, ou pire ! Ensuite, comme la fenêtre de la salle de bains de M. Alfred est ouverte, nous entrons sans rien dire et allons direct dans le salon. Et là, on a bien failli mourir pour la deuxième fois !

On ne doit jamais rentrer chez un ancien espion sans y avoir été invité, c'est mal ! Mais surtout, c'est dangereux. Quand j'ai entendu du bruit, j'ai appuyé sur un bouton qui active un systeme de défense. Un petit bricolage de ma fabrication.

Laisse-moi te dire, Journal, que cette invention-là, elle n'est pas à mettre entre toutes les mains. Dans un premier temps, un fil sorti de nulle part vient s'enrouler sur nos chevilles et nous fait tomber. Nous voilà par terre, immobilisés. Là, une sorte de canon apparaît et commence à nous bombarder de balles de tennis, en plein dans la figure !

Oui, je dois dire que je suis assez fier de moi, le système de visée est tout à fait au point !

Je vous le confirme, M. Alfred ! Ensuite, une sorte de filet nous tombe dessus. Un filet métallique, ce n'est déjà pas agréable, mais électrique, ça devient vraiment très inconfortable. Et…

— Stop ! Ne me raconte pas le reste, c'est inutile ! Je crois que ça vient de me donner des idées. Mais avant de redescendre, M. Alfred, avez-vous trouvé des renseignements sur notre Setipsi ?

Justement, je reçois son dossier à l'instant. C'est un vilain coco que celui-là ! Un escroc de haut vol, habitué des chantages, cambriolages en tous genres et autres malversations. Tu as de la chance que cela n'ait pas été plus loin mon petit Prosper, cet homme est dangereux. Il est recherché par la plupart des polices d'Europe, a déjà escroqué des tas de gens et doit des sommes faramineuses à des types peu recommandables qui, du coup, lui courent après C'est pour ça qu'il a besoin de paravents, comme toi, pour faire ses petites affaires sans apparaître lui-même au grand jour ! Mon cher Prosper, tu es passé juste à côté d'une catastrophe !

Et maintenant que fait-on ?

— Combien de temps nous reste-t-il avant le rendez-vous en bas de l'immeuble ?

Une demi-heure.

— On va se débrouiller.

Alors voilà ce que chacun va faire.

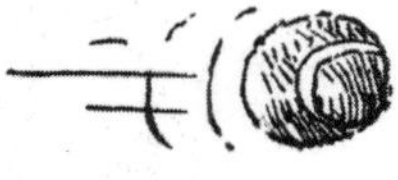

TO
SEC

*Par mesure de sécurité, et sur ordre de M. Alfred, notre plan de bataille devant rester secret, ces deux pages ont dû être rendues illisibles… Nous vous prions de bien vouloir nous en excuser.

VICTOIRE

Chapitre XVIII

On a fait comme il a dit…

SAMEDI 5 MAI, 23 H,
RÉUNION DANS MA CHAMBRE. PETITS GÂTEAUX ET CRIS DE JOIE ! JE NE SAIS PAS POUR LES AUTRES, MAIS POUR MOI, IL A FAIT DRÔLEMENT BEAU AUJOURD'HUI ! LE SOLEIL DE LA VICTOIRE.

Journal ! Il faut qu'on te raconte, mais par où commencer ?

— Par le début ?

Oui, c'est sûr, mais en même temps, j'ai envie de te dire tellement de choses ! Journal, tu es un génie, un stratège digne de Napoléon ! Si tu avais vécu au temps des Gaulois, tu aurais vaincu le grand Jules ; si tu avais été un dinosaure, tu aurais été un T-Rex ; dans la savane, tu serais le lion. Journal, tu…

— Je sais, je sais tout ça ! Je suis génial, c'est vrai, merci. Mais raconte, triple andouille ! Raconte, j'ai les pages qui trépignent d'impatience.

Alors, comme tu nous l'as demandé, nous nous séparons en deux groupes. M. Alfred d'un côté, Zoé et moi de l'autre.

ALFRED

M. Alfred, qui a gardé quelques curieuses habitudes de son passé d'agent secret, sort par la fenêtre de derrière. Agile comme un chat, malgré son âge, il se sert de la gouttière comme d'autres le font d'un escalier et rentre chez lui par la fenêtre de sa salle de bains, toujours ouverte et décidément bien utile aujourd'hui. Trois minutes plus tard, il ressort par la porte, ni vu ni connu, une perruque blonde sur la tête et un grand manteau de fourrure sur le dos, un peu chaud pour la saison, mais très élégant. (Fausse, la fourrure, bien sûr !) M. Alfred traverse la foule des journalistes et la rue pour aller sonner chez Setipsi.

— Tu l'as vu ?

Mais non, c'est lui qui nous a raconté ! S'il te plaît, journal, ne m'interromps pas ! Quand Setipsi ouvre sa porte et découvre cette dame toute blonde, il a un moment de surprise. Mais M. Alfred ne lui laisse pas le temps de réfléchir, il le pousse et entre dans l'appartement.

« Vous êtes seul ?

— Oui, pourquoi ?

— Il faut filer, Bruno la Brute vous a retrouvé, ses hommes devraient débarquer d'une minute à l'autre.

— Ce n'est pas possible ! Ils ne savent pas qui je suis. J'ai changé de nom, d'adresse et même d'apparence. Personne ne sait qui je suis !

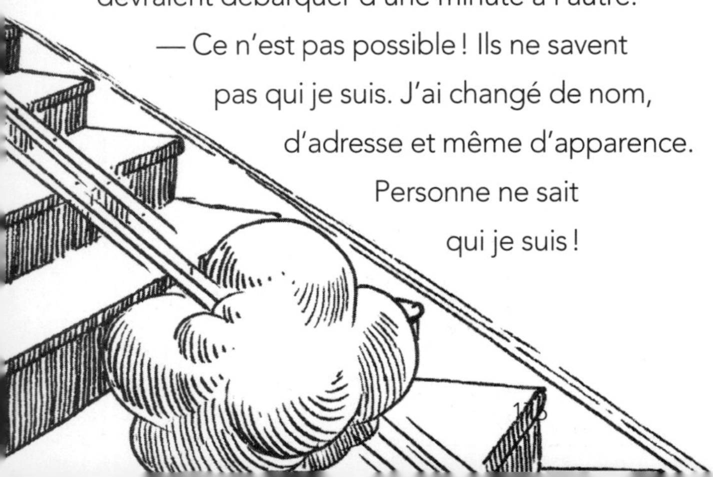

— Et moi, comment croyez-vous que je vous ai retrouvé ? Vous faites comme vous voulez, mais soit vous me suivez, soit vous mourrez ici dans cinq minutes. Après tout, c'est votre vie ! dit M. Alfred en lui tendant un sac plastique qui contient une perruque, une paire de lunettes et des habits. Filez vous changer, il nous reste peu de temps. »

À peine Setipsi est-il dans la salle de bains que des coups de feu résonnent dans l'immeuble.

« Il faut partir ! » hurle M. Alfred.

Setipsi sort de la salle de bains en caleçon, perruque frisée rousse sur la tête et lunettes noires sur le nez.

« Mais, je…

— Pas le temps, faut filer ! »

Alors M. Alfred l'attrape par la main et court avec lui dans l'escalier. Au passage, ils croisent deux hommes en combinaison noire, que M. Alfred abat froidement, tout en se débarrassant de son manteau et de sa perruque.

« Mais qui êtes-vous ? demande Setipsi.

— Votre sauveur ! Taisez-vous et foncez. »

Au moment où ils arrivent dans la rue, une voiture pile net à leur niveau. Quatre lascars en sortent, tout en noir, cagoulés et armés. Les coups de feu claquent de partout. Les deux fugitifs entrent dans notre immeuble et grimpent au premier étage, chez M. Alfred.

—Stop ! Halte ! Incohérence ! Pas possible ! Où sont tous les journalistes et les curieux qui attendaient il y a dix minutes devant l'immeuble ? Alors ? Où sont-ils ?

Journal, je t'avais demandé de ne pas m'interrompre ! Et puis, tu es quand même gonflé de poser la question, tu le sais très bien, c'est toi qui as imaginé le plan.

— Oui… Mais j'avais envie de dire quelque chose… C'est toi qui fais tout, j'ai l'impression de ne servir à rien et…

Bon, je reprends. M. Alfred ouvre la porte de son appartement, derrière eux, des pas dans l'escalier, une course folle, des cris et bientôt des détonations.

« Entrez vite ! » a juste le temps de dire M. Alfred avant de s'effondrer, couvert de sang, mortellement touché par trois balles.

Affolé, Setipsi referme la porte et fonce dans l'appartement à la recherche d'une cachette. Sa perruque de travers, ses lunettes sur le bout du nez, il court partout jusqu'au moment où il traverse le salon, et là…

— Et là, j'en étais sûr ! J'adore cette idée ! Raconte !

Alors là, le fil qui sort du mur, le filet électrique qui lui tombe dessus et le canon à balles de tennis ; il a le droit à tout ! Malheureusement, il n'y a personne pour assister au spectacle, mais ça doit être bien, grandiose même.

— Regarde, je crois que je peux représenter la scène.

Aïe

Aoutch

Bang

Argh

Paf

SETIPSI

Blam

Crash

Raah

Vlam

— Et pendant ce temps-là, où êtes-vous, Zoé et toi ?

Quand M. Alfred sort par la fenêtre, nous passons par la porte, c'est plus simple, mais pas toujours moins risqué. De l'autre côté, il y a l'Escalier et son fidèle Crocfroc, elle a à la main un solide balai et lui de la bave à son dentier de fer. Il y a aussi Alice, Margaux et Lucie, elles ne sont pas armées, mais leurs yeux lancent des éclairs et, crois-moi, du genre de ceux qui tuent net une vache, et je suis beaucoup moins fort qu'une vache.

C'est ce moment-là qui est le plus difficile. Il faut, en trois minutes, avec l'éloquence que tu nous connais, à Zoé et à moi, expliquer la situation. Comment je me suis laissé manipuler par Setipsi, combien je suis désolé, puis les convaincre de nous aider à punir le coupable.

— Toi ?

Mais non, journal, le coupable ce n'est pas moi !

— Ah oui, tu en es sûr ?

Non, mais je ne suis pas, enfin, pas vraiment, enfin, pas tout seul, mais surtout, je ne… Ce n'est pas du tout ce que…

— Allez, c'est bon ! Continue !

Tu n'imagines pas, journal, combien il a fallu que je me concentre pour réussir à parler presque normalement. Petit à petit, je lis dans les yeux des filles qu'elles comprennent tout. Pour l'Escalier, c'est plus compliqué, elle ne capte pas très vite et pas grand-chose, mais quand on lui dit que Setipsi est un méchant, un vrai, un qui ne s'essuie pas les pieds sur le paillasson et qui est capable de voler le courrier dans la boîte aux lettres du voisin, alors là, elle saisit tout de suite à qui elle a affaire.

« On fait quoi alors ? » demande Alice, la plus grande.

Je sors un papier et, pour aller plus vite, j'écris tout !

On va filer devant l'immeuble, on fait rentrer tout le monde chez moi, on improvise une conférence de presse où on explique tout aux journalistes : qui est Setipsi, sa vraie identité, ce qu'il voulait faire, comment il a cherché à détruire la réputation des filles dans le quartier et à leur faire perdre les baby-sittings, on raconte la fausse bio, tout, tout…

« Et après, demande Margaux, la cadette, après, il se passe quoi ?

— Après, si tout se déroule bien, au signal, on sort de l'immeuble et le spectacle devrait être assuré.

— Et moi, interroge l'Escalier, moi j'vais pas parler à des journalistes, je ne lis même pas leurs journaux ! Sauf, bien sûr, *Aspirateur Hebdo*, celui-là je l'adore. Alors moi je fais quoi ? »

Je fais comme tu m'as dit, journal, je lui explique son rôle. Elle en sourit d'avance et Crocfroc en bave de plus belle.

ZOÉ **PROSPER**

Et tout se passe comme prévu. Quand je sors de l'immeuble, tous les regards se tournent vers moi. Mais c'est Lucie, la plus jeune des trois sœurs, qui parle. Elle demande à tout le monde de nous suivre, et nous montons au deuxième. C'est quand même un sacré coup de bol que les parents ne soient pas là ! Alors on explique tout aux journalistes, et grâce à M. Alfred et au GRAP, nous leur donnons un super-dossier de presse sur Setipsi. Des photos de lui en prison, lors de vieux procès, en plein cambriolage. Les filles sont super-cool : aucune ne critique mon rôle ; elles auraient pu être très méchantes avec moi ! Ah, bah si, journal, reconnais qu'elles auraient pu !

— Mais je ne dis pas le contraire ! Je dis même qu'elles auraient dû !

T'es sûr ? T'es dur ! Enfin t'as peut-être raison… Bon quand on reçoit le signal, je fais sortir les journalistes, je les invite à descendre au rez-de-chaussée. Là, je leur demande, heureusement Margaux est là et m'aide, de bien vouloir préparer leurs appareils photos et de ne surtout rien rater le moment venu.

« Mais, rater quoi ? demande l'un d'eux.

— Rater ça ! »

ALFRED

Il y a d'abord un bruit de porte, puis la lumière s'éteint, le noir total. Avoue, journal, c'est pas de bol d'avoir une cage d'escalier aussi sombre : pas une fenêtre, pas un soupirail ni un vasistas ; rien qui puisse laisser entrer la lumière. Alors, du premier étage monte un cri, terrible, long et angoissant, un cri animal. Gniiiiiiourfffffffffff ! Le cri du Crocfroc en chasse. Le redoutable chien de l'immeuble vient de planter ses dents d'acier dans le postérieur de l'escroc Setipsi ! Le braillement du chien est immédiatement suivi d'un cri plus fort encore, celui d'un homme qui va avoir du mal à s'asseoir pendant quelque temps, Setipsi ! S'ensuit une cavalcade qui vient vers nous, dans le noir complet, une course ponctuée de « Aïe, ouille, bim et bam », les bruits de quelqu'un qui se cogne dans les murs.

— Préparez vos appareils, la photo n'est plus très loin !

Derrière toutes les portes de l'immeuble, chacun sent bien qu'il se passe quelque chose, tout le monde retient son souffle.

Et il arrive d'en haut, devant nous, l'Escalier lui barre le passage. Il déboule là, perruque orange de travers sur la tête, en caleçon à petites fleurs et avec un chien accroché au derrière. C'est comme ça que tous les photographes présents peuvent l'immortaliser ! Ça fera une belle une demain dans tous les journaux. « Un escroc international finit sa cavale en caleçon dévoré par un chien. » Quand il nous voit, Setipsi accélère puis, il disparaît dans la nuit, se cognant à nouveau à tous les murs.

Il a réussi à se débarrasser de Crocfroc, à franchir le barrage de l'Escalier et à s'évaporer dans la rue, moitié nu, des cheveux roux sur la tête. Et jamais plus personne ne le reverra.

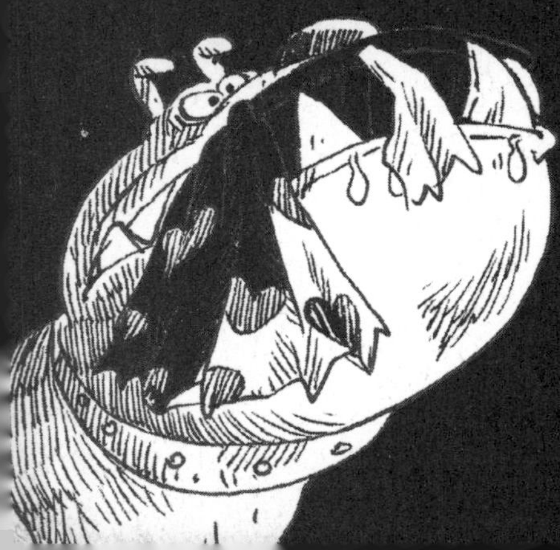

Voleur !

Escroc !

Bourreau d'enfants !

Minable ! Brigand ! Gangster ! Forban !

Fripouille ! Flibustier ! Coquin !

Scélérat ! Fripon ! Canaille !

Bandit ! Voyou !

Crapule ! Andouille !

Cornichon !

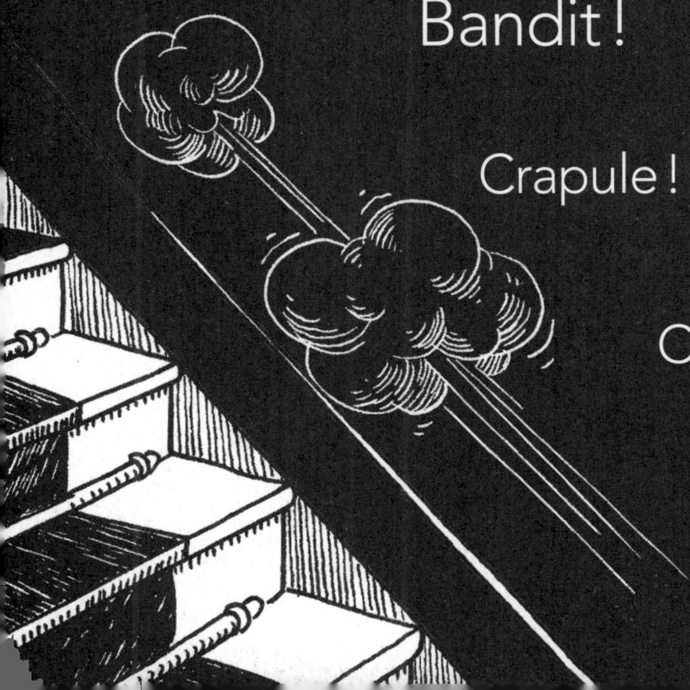

Voilà…

— C’est tout ?

Comment ça, c’est tout ?

— Vous l’avez laissé se débiner, comme ça, dans la nature où il risque de recommencer ses crimes ? Le GRAP n’a pas tenté de l’arrêter ?

Si, ils ont essayé, mais il a filé, il n’est quand même pas idiot, tu sais, il a déjà réussi à échapper à presque toutes les polices d’Europe. M. Alfred, qui était parti se changer car il était couvert de faux sang après avoir joué le mort, est revenu pour nous dire qu’ils allaient le retrouver et le mettre hors d’état de nuire. Tu as raison, journal, ce type est dangereux, mais que veux-tu, là, il a gagné, il a réussi à disparaître.

— Et maintenant ?

Maintenant ? Maintenant je vais me coucher ! Je suis épuisé après cette journée. Car, figure-toi qu’après ça, il a fallu répondre aux journalistes pour expliquer l’affaire. Les gens de l’immeuble sont sortis pour savoir ce qu’il se passait et, à eux aussi, il a fallu donner

des détails. Quand tout ça a enfin été fini, j'ai dû ranger l'appartement et nettoyer avec l'Escalier. Alors là, je vais aller faire dormir mes yeux, et le reste aussi. Et on verra bien demain.

Ce qui est sûr, c'est que demain il faudra tout expliquer aux parents. M. Alfred a promis de m'aider.

— Prosper ?

Oui ?

— Tu sais, je suis fier de toi. Tu n'es peut-être pas un espion professionnel, tu n'es pas une star d'Internet, t'as peut-être perdu tous tes baby-sittings pour les cent ans à venir, mais je trouve que tu ne t'es pas mal comporté.

Merci, journal. Bonne nuit et à demain.

GRAP

Chapitre XIX

Moi j'aime bien quand ça finit bien

DIMANCHE 6 MAI, 21 H 30.
RUDE, MAIS BONNE JOURNÉE. PARENTS RENTRÉS, EXPLICATIONS DONNÉES. VU ZOÉ ET LES TROIS SŒURS... ÇA VA LE FAIRE !

Cher journal, quelle journée ! Mais quelle journée ! Hier j'étais perdu et voilà que je me suis retrouvé. J'ai aussi retrouvé mes parents. J'ai pu tout expliquer avec l'aide de M. Alfred, il a été super. Ils ont fait une drôle de tête, les parents. Ils n'ont pas été très contents de découvrir tout ce que je leur avais caché. Mais au final, ça s'est bien passé. Je crois qu'ils ont compris. Mais ça, c'était la dernière étape de la journée ; avant, il y a eu une autre épreuve, et drôlement plus difficile, celle-là ! Je suis allé goûter chez les trois sœurs. Après tout ce qui s'est passé, je n'en menais pas large et je n'étais pas très fier. J'avais tort, journal, c'était extra.

Dis donc, journal, tu m'écoutes ? C'est bien la première fois que tu ne m'interromps pas au bout de trois minutes. Que t'arrive-t-il ? Oh, journal ? Tu es là ?

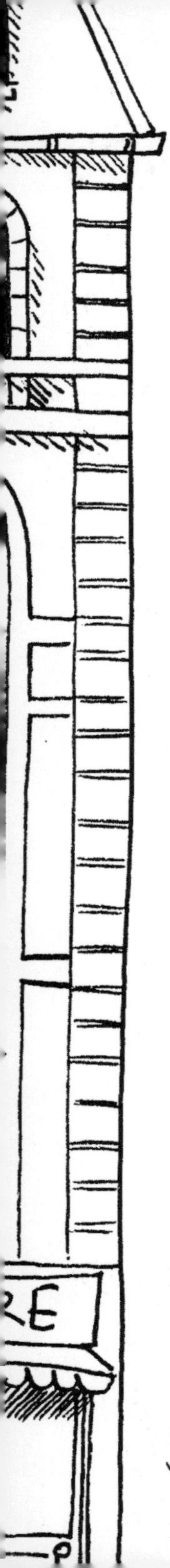

— Oui, je suis là, et las aussi un peu. Mais vas-y, je t'écoute.

Alors voilà, avec les filles, on a décidé de s'associer et de faire équipe pour les baby-sittings ! Qu'en penses-tu ? Génial, non ? On a même pensé à un nom pour notre petite équipe : « Les 28 sitters », 28 à cause du numéro de la rue et…

— Oui, c'est bon, j'ai compris.

On a beaucoup parlé, enfin elles, nous, avec Zoé, on a beaucoup écouté et écrit un peu aussi. Mais surtout, je crois qu'on s'est pardonné les trucs moches qu'on s'était faits ou dits. Tu sais, journal, je crois que c'est ça qui m'a fait le plus plaisir. Savoir qu'on s'est tout dit et surtout pardon ! Je crois qu'on va être une équipe de folie.

— C'est tout ?

Oui, mais c'est beaucoup je trouve ! Je te passe les rencontres dans l'escalier avec les voisins, je ne te raconte pas non plus comment l'Escalier m'a pris dans ses bras et m'a serré très fort contre elle, même que j'ai cru mourir étouffé, avant de m'offrir une poignée de ses caramels mous préférés. Je ne dirai rien de Crocfroc qui m'a fait une léchouille épouvantable et si grande que j'ai cru qu'une baleine me faisait un bisou. Non, tout ça je ne te le dirai pas.

— OK, super…

Journal, qu'est-ce qui se passe ? Tu me caches un truc et ça, j'aime pas du tout. Tu t'es disputé avec l'encyclo ? Tu as une maladie grave du papier ? C'est quoi ton problème ?

— Tu sais, j'ai vérifié, il ne me reste presque plus de pages libres… Alors tu peux dire tout ce que tu veux, mais je sais que bientôt, tu mettras le mot « fin » en bas de la dernière page, puis tu me rangeras en haut d'une armoire et je mourrai d'ennui, tout seul, abandonné, misérable, oublié, exilé. Prosper, je suis fini, pas tout à fait, mais je suis presque fini. Prosper, je sais que c'est la fin, que tu vas m'oublier… Alors même si je déteste quand tu me gribouilles des trucs nuls, même si je n'aime pas toujours quand tu m'écris trop gros, même si je trouve que souvent tu ne m'écoutes pas…

Je sais que tu vas me manquer, Prosper.

Ah… Bah… Je ne sais pas quoi dire, journal. Mais pourquoi faudrait-il que je te quitte ?

— Parce que c'est la fin, Prosper, juste pour ça. Toi et moi nous sommes arrivés à la fin d'une histoire. Toi tu vas continuer à vivre de ton côté, moi je vais attendre du mien que la poussière et l'oubli m'ensevelissent… Voilà.

Mais, journal, arrête de dire des bêtises, on a encore des tas d'aventures à vivre ensemble. Et à qui je parlerai, moi, si tu es fini ? Tu oublies que tu es le seul avec qui je peux communiquer comme ça ! Non, journal, crois-moi, entre nous ce n'est pas fini.

— Tu ne me crois pas ?
Alors tourne la page.

— Regarde en bas, le mot qui est écrit, là, regarde ! Tu vois bien que c'est fini entre nous ! Tu vois bien que tu vas m'oublier, m'abandonner, me laisser.

Journal, non, ce n'est pas possible ! On doit pouvoir faire quelque chose ! Je sais, je vais te coller des pages blanches, des tas de pages nouvelles !

— Mais ça ne sert à rien, tu ne peux pas me coller des pages. Imagine, si toi on voulait te coller une nouvelle paire de bras ! C'est pas possible. Non, tu sais Prosper, c'était chouette ce que nous avons vécu ensemble, mais c'est comme tout, ça a une fin, et il est temps de se séparer. Allez, si j'avais une main, je serrerais très fort la tienne, peut-être même qu'on se ferait une bise si j'avais une joue, et puis, si j'avais des jambes, je me retournerais et je m'éloignerais dans le soir avec le soleil couchant derrière moi pour faire beau. Alors on va faire comme ça.
Au revoir, Prosper, et salue de ma part Zoé et M. Alfred.

Non ! Journal, non, ne fais pas ça, ne t'en va pas ! Reste avec moi !

S'il te plaît, journal !

— Mais, Prosper, ce n'est pas moi qui m'éloigne, pour la cent millième fois, tu sais bien que je n'ai pas de jambes. Alors arrête de crier, et surtout, arrête d'écrire aussi gros, regarde, il n'y a plus de place…

Oh pardon, journal, reste là, reste avec moi, journal, s'il te plaît, journal, ne t'en va pas… Journal… Journal…

Ceci n'est pas un chapitre, c'est une surprise !

Alors comme ça, c'est toi, le journal qui écrit tout seul ?

— Qui est là ? Qui m'écrit dessus ? Et puis ce n'est pas possible, je n'ai plus de pages ! Allez-vous-en, laissez-moi !

Tu ne sais pas qui je suis ? Eh bien, je vais te le dire : je suis Setipsi! Tu sais, le monsieur dont il faut se méfier. Je t'ai lu, je sais ce que tu penses de moi !

— Où m'avez-vous trouvé ? Qui vous a permis de m'écrire dessus ? Où est Prosper ? Vous ne lui avez rien fait ?

Mais non, rassure-toi, il n'a rien, ce sale et ingrat gamin ! J'allais faire de lui une star et il m'a humilié ! Mais il a un peu trop bavassé, ton Prosper, il m'a parlé de toi ! Cet idiot m'a même dit à quoi tu ressemblais et où il te rangeait, alors rien de plus facile que de venir te chercher. Pour ce qui est des pages, je te rassure, tu en as encore quelques-unes. Elles ont été rajoutées et collées un peu n'importe comment, mais tu en as encore quelques-unes.

— Laissez-moi ! Rendez-moi à Prosper et disparaissez, vous avez fait assez de mal comme ça !

Ah, non, tu n'y es pas du tout, petit et misérable tas de feuilles. Prosper n'a pas voulu faire ma fortune, c'est toi qui la feras.

— **Rien, je ne ferai rien !**

Écoute, tas de papier chiffonné, soit tu m'obéis, soit ton Prosper aura des problèmes ! Compris ? Alors maintenant, toi et moi on va faire le tour du monde. Je crois que tu n'imagines pas combien les gens seront prêts à payer pour voir un truc comme toi ! Un carnet qui écrit tout seul. Je vais être le magicien le plus célèbre de la terre. J'aurai mon numéro à Las Vegas, le monde entier viendra essayer de découvrir le truc de mon carnet… Et personne ne le trouvera jamais, car… Car… Allez, aide-moi, pourquoi ne le trouveront-ils jamais ?

— …

Parce qu'il n'y a pas de truc, pauvre andouille à pages ! Allez, je te mets dans mon sac, on file d'ici, on a un avion à prendre, nous deux !

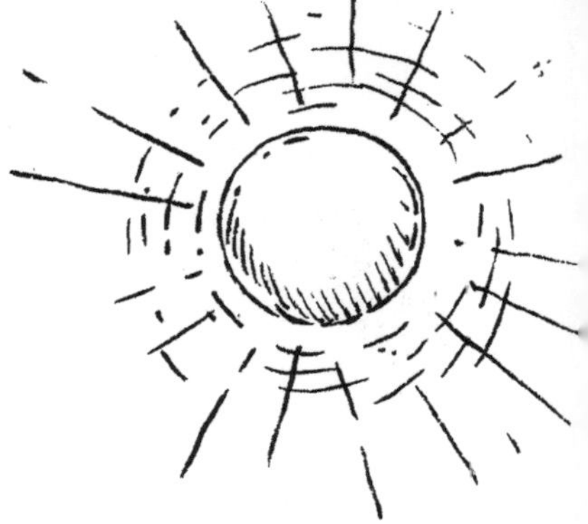

Grat
Grat
grat..
grat

Chapitre XX
Ce n'est pas parce que c'est fini qu'on ne doit pas continuer !

JEUDI 10 MAI.
SOUS LA COUETTE, FATIGUÉ,
HEUREUX, LA VIE CONTINUE.

Journal, tu es là ?

— Qui me parle ? Qui est là ?

C'est moi, crème d'andouille, qui veux-tu que ce soit ?

— C'est qui « c'est moi » ?

C'est moi « c'est moi » ! Quelle question idiote ! Journal, c'est Prosper !

— J'ai eu peur, j'ai cru que c'était Setipsi ! Il m'a parlé, enfin, il m'a écrit dessus ! Prosper, cet affreux bonhomme voulait m'enlever !

Je sais, heureusement le GRAP l'a intercepté juste à temps. Il allait monter dans l'avion quand il a été arrêté. À l'heure qu'il est, il doit être au fond d'une prison solide et sombre. Un endroit où il pourra profiter de son temps libre pour apprendre des tours de magie avec des cartes.

Il avait réussi à s'introduire dans ma chambre, de nuit, et à te dérober. Quand je m'en suis aperçu, j'ai prévenu le GRAP, mais ils étaient déjà au courant !

— Comment pouvaient-ils déjà savoir que j'avais été volé ?

M. Alfred avait un doute, il avait trouvé un mot dans les papiers de Setipsi où il parlait de te dérober. C'est de ma faute, je n'aurais jamais dû lui parler de toi. Alors, pour éviter de te perdre, je t'ai collé des pages neuves.

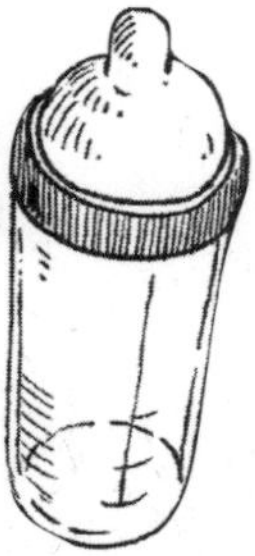

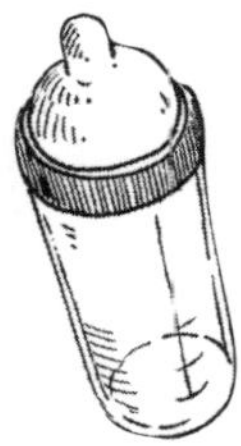

Mais ce que Setipsi ne savait pas, c'est que dans le papier de ces pages, il y avait une balise qui permettait de te repérer et de te suivre quand tu te déplaçais ! Voilà comment on t'a retrouvé, sauvé et comment, grâce à toi, un individu dangereux est maintenant derrière les barreaux !

— Donc on peut dire que je suis un héros ! Alors moi aussi je pourrai faire partie du GRAP ?

Tu sais, journal, M. Alfred m'a avoué que Zoé et moi nous n'aurions jamais vraiment pu faire partie du GRAP, nous sommes trop jeunes. C'est pour nous faire plaisir qu'il nous a fait suivre l'entraînement. Mais voilà, je ne serai jamais un vrai agent secret. En tout cas, pas tout de suite.

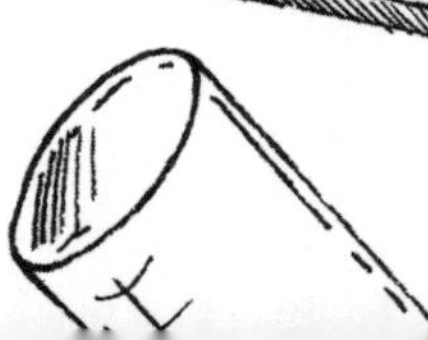

— Tu sais, Prosper, ce n'est pas très grave, je crois que je t'aime bien en baby-sitter, quand tu me racontes des histoires de biberons et de bébés qui font areu ou grbllll.

Alors, toi et moi on continue ?

— Bien sûr qu'on continue ! Tant que tu peux me coller des nouvelles pages, il n'y a pas de raison d'arrêter.

Je t'ai dit qu'avec Alice et Zoé on doit aller demain chez une maman qui cherche une baby-sitter chaque soir de six à huit heures ?

— Non, tu ne m'as rien dit !

Alors voilà, il se trouve que…

Et ce coup-ci, c'est la fin, la vraie, la fin après laquelle il ne se passe rien. Sauf si… allez savoir ce qui peut se passer.

FiN

FiN
FiN
FiN
FiN

Grat
Grat
grat..
grat

Grat
Grat
grat..
grat

Grat
Grat
grat..
grat

Grat
Grat
grat..
grat

Grat
Grat
grat..
grat

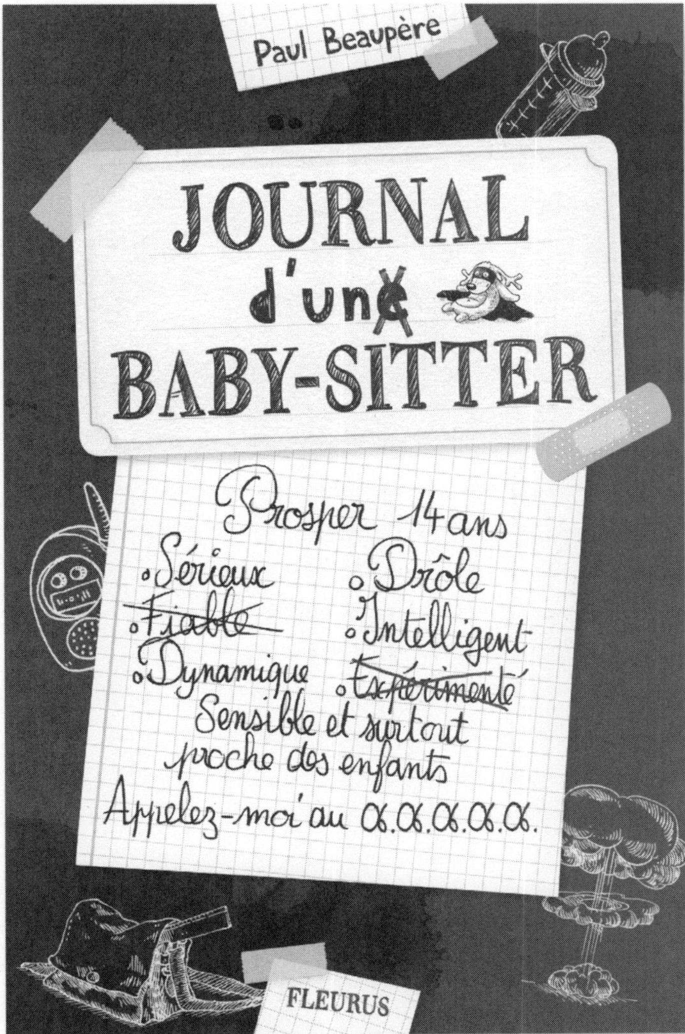

À lire et à relire !

N° d'édition : J18153
Achevé d'imprimer en mai 2018 par Lego en Italie.
Dépôt légal : juin 2018